An Schwarzbrot gewöhnt
Humor und Nachdenkliches aus der Eifel

Berthold Thoma

Helios

Titelbild:
s/w aus: Ingo Konrads (Hrsg.) Vergessenes Land -
Wiederentdeckte Eifel-Fotos von Joseph Jeiter, Aachen 1996, S. 65
Hintergrund: Gemäldeausschnitt Fritz von Wille

Herzlichen Dank

Alle nicht näher bezeichneten Abbildungen stammen aus dem Archiv
von Margarethe Gombert, Monschau-Kalterherberg.
Ihr sei hierfür herzlich gedankt.

Impressum

Helios Verlags- und Buchvertriebsgesellschaft
Postfach 39 01 12, 52039 Aachen
Tel.: (02 41) 55 54 26; Fax: (02 41) 55 84 93
eMail: Helios-Verlag@t-online.de
Bitte fordern Sie beim Verlag aktuelle Informationen
zu lieferbaren Titeln an.

Printed in Belgium

ISBN 3-933608-41-4

Inhalt

Vorwort

Liebe Leser!

Zum Lesen dieses Buches möchte ich Sie herzlich begrüßen und dazu einladen, sich aus dem Leben der Menschen auf den Höhen der Eifel erzählen zu lassen.

Wie das Leben so spielt, können sie auch in diesem Buch viele humorvolle Begebenheiten miterleben und an anderer Stelle Eindrücke eines Höchstmaßes an menschlicher Härte gewinnen. Es bleibt aber in jedem Falle unterhaltsam.
Mir lag und liegt daran, das Leben der Menschen meiner Heimat in alter und junger Zeit wahrheitsgemäß zu beschreiben und einer falschen Legendenbildung entgegenzuwirken. Trotz der Gegensätze im Verhalten der hiesigen Menschen halte ich auch nach der Jahrtausendwende das Leben in unserer Gegend noch für sehr lebenswert, weil die Menschen einen Großteil ihrer Traditionen bewahrt haben, die ihnen eine Richtschnur für das rechte Maß im Leben bieten. Darum sage ich allen Leuten in der Eifel-Ardennengegend: „Ich bin froh und stolz darauf, einer von Euch zu sein!“

Nun wünsche ich Ihnen „Gute Unterhaltung!“

Berthold Thoma, Oktober 2001

1. Spezialisten unter sich

Die Dörfer unserer Heimat liegen nicht nur abseits der Großstädte, sondern auch weit verstreut über die Höhen und Täler der Eifel. Zwischen den meisten Ortschaften liegt eine Distanz von zirka fünf Kilometern zuzüglich der Höhenunterschiede. So waren ohne die modernen Kraftfahrzeuge unserer heutigen Zeit die Kontakte zwischen der Bevölkerung verschiedener Dörfer nur sehr spärlich. Dadurch bedingt, hatten sich seit Alters her in jedem Dorf und in jeder Familie eigene Strukturen zur Bewältigung der großen Schwierigkeiten des Lebens gebildet.
In den Städten hatten sich bereits zu Beginn des 12. Jahrhunderts die Handwerkerzünfte gegründet. Dadurch wurde die Grundlage für die Kooperation in und zwischen den einzelnen Berufsgruppen gelegt, die zur späteren Blüte des Handwerkes führte. In den Städten spezialisierten sich die einzelnen Handwerker und entwickelten ihre Kunst an der Ausführung ihrer Aufträge weiter. So hat sich beispielsweise der Schreiner, der früher nur den Schrein, also den Sarg, hergestellt hatte, zum Kunsttischler und Schnitzer weiter entwickelt.

Hatten in den Dörfern einige Bauernsöhne einen Handwerksberuf erlernt, fehlte ihnen jedoch die Menge an Aufträgen, um sich weiter entwickeln zu können. Damit nicht genug, die Auftragslage war wegen der geringen Einwohnerzahlen derart schlecht, sie konnten auf dem Land von einem Beruf alleine nicht existieren. Wenn eine Tätigkeit alleine nicht zum Leben reicht, nimmt man eben eine oder mehrere Tätigkeiten hinzu. Dazu bot sich zunächst einmal an, die meist vorhandene Landwirtschaft und Viehzucht als Nebenerwerb weiter zu führen und vielleicht als Fuhrmann den einen oder anderen Taler nebenher zu verdienen.
Die Aufgaben in den Dörfern mussten irgendwie wahrgenommen werden, und wenn kein entsprechender Spezialist zur Verfügung stand, nahm sich sonst jemand der Sache an. Weil die Leute sich ihre Flexibilität erhalten hatten, kristallisierten sich in den Dörfern

immer wieder geeignete Leute für die Bewältigung bestimmter Aufgaben heraus.
In den meisten Dörfern gab es keinen hauptamtlichen Metzger, weil jeder Bauer seine Tiere selbst schlachtete oder schlachten ließ.

Auch hier ist ein Spezialist am Werk

Bild aus: Ferber, Franz-Josef: Vulkaneifelheimat - Bilder aus dem Kreis Daun 1900-1950, Aachen 1996,S. 264

Mit der Zeit hatte sich herausgestellt, wer beim Schlachten und vor allem beim darauf folgenden Wursten das meiste Geschick bewies. Solche Leute übernahmen dann die Aufgabe des Metzgers in der Nachbarschaft und gaben ihre Erfahrungen später an jüngere Leute weiter. Es soll niemand meinen, die Wurst dieser Hausmetzger sei schlechter gewesen als die von Metzgern aus der Stadt, wegen der langjährigen Weitergabe der Erfahrung war eher das Gegenteil der Fall. Als Beweis dafür mag das heute noch verwendete Markenzeichen der Hausmacherwurst gelten.
Ähnliches galt für den Schreiner, der neben der Herstellung von Möbeln und sonstigen Inneneinrichtungen auch die Tätigkeit des Zimmermannes und Dachdeckers wahrnahm. Weil er die Särge herstellte, übte er auch nebenbei noch die Tätigkeit des Bestatters aus. Dem Betätigungsfeld des Friseurs wurde in den meisten Dörfern nicht viel Beachtung geschenkt. Wer beim Umgang mit Schere und Kamm ein wenig Geschick bewies, hatte automatisch die Befähigung zum Friseur erworben. Jedoch die Prozedur des Haareschneidens war eine besondere. Das Haareschneiden fand im Kreise der Nachbarschaft statt. Meist hatten die Frauen in der Nachbarschaft den Termin abgesprochen, und dementsprechend fanden sich die Bauern abends, nachdem die Stallarbeit erledigt war, in der Küche des Nachbarschaftsfriseurs ein. Dort begann eine lebhafte Unterhaltung über die Neuigkeiten im Dorf.
Im Verlaufe dieses Gespräches, bei dem der Friseur den Gästen auch noch den einen oder anderen Schnaps ausschenkte, schnitt er ganz nebenbei den Herren die Haare. Weil die Zigarre zum Schnaps Zeichen des feinen Mannes war, konnte man nach kurzer Zeit die Luft in der Küche kaum noch als solche erkennen, und dem Schnaps wurde entsprechend zugesprochen. Heute kaum noch zu glauben, aber diese Dienstleistung wurde nicht bezahlt, sondern im Laufe des Jahres ergaben sich für jeden Nachbarn genügend Gelegenheiten des Revanchierens. Der Nachbarschaftsfriseur und sein Kollege aus der nächsten Nachbarschaft schnitten sich gegenseitig die Haare.
Im Laufe eines solchen Frisierabends hatte ein Friseur, wie seine Nachbarn auch, dem Schnaps recht gut zugesprochen, und bei der

Bedienung seines Kollegen gerieten die Feinheiten im Schnitt nicht so, wie gewünscht. Weil kein Spiegel vorhanden war, merkte der Geschorene auch nichts davon. Die Nachbarschaftsversammlung merkte das natürlich, und bei jedem Fehlschnitt mussten sie ihr Gelächter unterdrücken. Der Geschorene zeigte zunächst keine Gefühlsregung und gab auch keine Unmutsäußerung von sich. Mit halbwegs erträglichem Erfolg wurde die Frisur beendet, und die beiden Akteure tauschten die Plätze. Nun legte der Kollege los, er sann auf Rache und schnitt die Haare, wie es sich gehörte. Die Sache hatte nur einen kleinen Makel, er hatte die Haare auf der rechten Seite nur ein wenig gekürzt und links fast ganz abrasiert.

2. Wahrer Geschäftsgeist

Das Handelswesen in unserer Eifelregion hat seit der verkehrsmäßigen Anbindung an die Industriezentren in Deutschland und Europa zunächst durch die Bahn und später durch Busse, Last- und Personenkraftwagen schon eine lange Entwicklung hinter sich gebracht. Die Gewerkschaftsbewegung hat uns schon gegen Ende des neunzehnten Jahrhunderts einen oder mehrere Konsum-Märkte in viele Dörfer gebracht, die die bis dahin geführten kleinen Kramläden größtenteils ablösten. Weil diese Konsumgeschäfte genossenschaftlich organisiert waren, konnten sie ein größeres Kapital einsetzen als der Einzelhändler alleine. Und die Genossen, also die Konsumenten, waren am Gewinn des Geschäftes beteiligt.
Dadurch wurde wahrscheinlich nicht nur eine Blüte des Handels in unserer Heimat ermöglicht, sondern diese neue Handelsform trieb auch manche Stilblüte.
Die Waren wurden jetzt in Großmengen eingekauft und an die Konsumenten weiter verteilt. Dann hieß es im Herbst: „Briketts bestellen!"
Die meisten Leute folgten diesem Appell und bestellten in den folgenden Tagen ihren Winterbedarf. Kurze Zeit später kamen einige Lkw-Züge und kippten, auf verschiedenen Plätzen im ganzen Dorf verteilt, große Mengen Briketts ab. Einige Fuhrwerke rückten an,

Ein typischer „Tante-Emma-Laden“ früherer Jahre

Bild aus: Kreisverwaltung Daun (Hrsg.): Kreis Daun - Bilder aus vergangenen Tagen, Meinerzhagen 185, S. 61

und die Fracht wurde gemäß der Bestellung in Säcken abgewogen und an die einzelnen Haushalte ausgeliefert. Ähnlich war es zur Erntezeit mit dem Weißkohl, der in unserer Region nicht so richtig gedeihen wollte. Fast alle Haushalte legten einen Vorrat an Sauerkraut an und bestellten die benötigte Menge beim wöchentlichen Einkauf im Konsum. Irgendwann lagen dann Weißkohlhaufen durch das Dorf verteilt, und jeder Konsument wurde zu Hause beliefert oder holte sein Quantum im Geschäft ab. Andere, weniger gefragte Artikel wurden nur in kleinen Mengen bevorratet und auch dementsprechend bestellt.
Diese dörflichen KONSUM-Geschäfte haben sich vielfach bis in unsere Tage erhalten und zu Supermärkten weiter entwickelt, trotzdem es in den Zentren unserer Gegend genügend spezielle Supermärkte für Lebensmittel, Baumaterial, Werkzeuge, Getränke usw. gibt.

In den späten Nachkriegsjahren, als die neue Währung gerade erst eingeführt und die Rationierung noch nicht völlig beseitigt war, hatte der Geschäftsführer eines solchen Konsum-Marktes sich bei einer Bestellung gründlich geirrt. Es war zwar nichts Ungewöhnliches, dass ein Lastwagen voller Waren vor dem Geschäft erschien, aber als ein solcher Lkw voll beladen mit Streichhölzern dort erschien, das war doch höchst merkwürdig. Weil die Entladung einer ganzen Lkw-Ladung voller Streichhölzer eine längere Zeit in Anspruch nimmt, hatten genügend Neugierige das Ereignis mit bekommen. Das sprach sich im Dorf sofort rund, die Leute machten ihre Witze und der Geschäftsführer wurde ausgelacht. Dieser Mann hatte nun ein schweres Problem zu bewältigen, er musste nicht nur die große Menge an Streichhölzern verkaufen, sondern der Ruf des gesamten Geschäftes stand auf dem Spiel. Wenn die Leute erst einmal das Vertrauen in seine Geschäftsleitung verloren hatten, würden sie sofort ihren Geschäftsanteil aus der Genossenschaft abziehen, er stände ohne Beschäftigung da und hätte auf Generationen hinaus seinen guten Ruf verspielt.
An diesem Abend kam er völlig nieder geschlagen nach Hause und beriet mit seiner Frau die Lage. Seine Frau fand in diesem Fall auch das Ei des Kolumbus, sie verbreitete am nächsten Tag das Gerücht, die Streichhölzer würden in den nächsten Tagen wieder rationiert, und man könne sie im kommenden Monat nur noch gegen Abgabe der entsprechenden Rationierungsmarken kaufen. Das genügte!
Jeder, der gehen konnte, bewegte sich in Richtung KONSUM-Geschäft und kaufte einen reichlichen Vorrat an Streichhölzern ein. Die Streichhölzer waren innerhalb weniger Tage verkauft, der Umsatz hatte ein deutliches Plus verzeichnet, und der Geschäftsführer wurde wegen seiner Weitsichtigkeit allseits gelobt.

3. Quälgeist

Aber trotz der guten Versorgung mit Geschäften aller Art hat es ständig fliegende Händler in unsere Dörfer verschlagen, die den Leuten zwar den einen oder anderen Artikel ins Haus brachten, ihnen aber auch mit ihrem ständigen Drängen zum Kauf ihrer Artikel auf die Nerven gingen.
An einen Hausierer kann ich mich noch besonders gut erinnern. Er kam bis um das Jahr 1970 vollbepackt, einen Koffer schräg auf den Rücken geschnallt und zwei in der Hand tragend, mit dem Bus aus der Region um Kornelimünster in die Dörfer der Nordeifel. Darum wurde er hierzulande „et Mönstermännche" genannt. Er ging von Haus zu Haus, klopfte kurz an, trat wie selbstverständlich in die Wohnküche und öffnete zwei seiner Koffer, sofort begann er ohne besondere Aufforderung, seine Artikel in schneller Sprache aufzuzählen. Das hörte sich in etwa so an: „Herrensocke, Dammeströmp, Druckknöef, Mottekoulle, lang Jaar, Stoppezwist, Botzejummi, Ongerboxe Ongerhemder, usw." (Herrensocken, Damenstrümpfe, Druckknöpfe, Mottenkugeln, Strickgarn, Stopfzwirn, Gummiband, Unterhosen und Unterhemden usw.)
Kauften die Leute nicht sofort etwas, pries er weiter seine Artikel an. Weil sein Sortiment fast den gesamten Bereich der Kurzwaren und einige Artikel aus dem Bereich der Unterwäsche sowie Oberhemden, Westen und Pullover umfasste, konnte seine Aufzählung mehr als eine Viertelstunde in Anspruch nehmen. Die meisten Leute kauften dann etwas, damit sie diesen Quälgeist schnell wieder los wurden und dachten schon mit Schrecken an seinen nächsten Besuch.
Weil sein Gewinn sich bestimmt in Grenzen hielt, ging er nicht etwa in ein Wirtshaus zum Essen, sondern packte an irgend einem Haus seine Butterbrote aus und bat die Leute darum, ihm doch eine Tasse Kaffee abzugeben. Die Menschen unserer Heimat waren schon immer sehr großherzig und haben ihm diese Bitte niemals verweigert.

Ein Angebot früherer Tage: geflochtene Körbe

Bild aus: Kreisverwaltung Daun (Hrsg.): Kreis Daun - Bilder aus vergangenen Tagen, Meinerzhagen 1985, S. 246

Doch eine Frau hatte ein Mittel gefunden, sich diesen Quälgeist ein für allemal aus dem Haus zu halten.
Als er eines Tages in ihrem Haus um eine Tasse Kaffee bat, servierte sie ihm wie ganz selbstverständlich den Kaffee am Tisch des Hauses, stellte ihm Zucker und Milch dazu und fragte ihn kurze Zeit später, ob er noch eine Tasse haben möchte. Der Hausierer war über diese Freundlichkeit sehr erstaunt und leerte gerne noch einige weitere Tassen, aber hielt er noch ein ausgiebiges Schwätzchen. Dann packte er seine Koffer wieder zusammen und wollte mit dem sonst üblichen „Vergelt's Gott" das Haus verlassen. Es war für ihn ungeahnt eine Änderung der hiesigen Gewohnheiten eingetreten, denn die Frau sagte zu ihm, drei Tassen Kaffee mit Milch und Zucker kosteten bei ihr eine Mark. Da wurde der Handelsmann leicht blass um die Nase und wusste zunächst keinen Ausweg.
Er verwendete genau die Ausrede, die die Frau sich gewünscht hatte. Weil er an diesem Tag noch nichts verkauft hatte, hatte er das Geld gerade nicht passend, aber in einigen Wochen käme er wieder vorbei und würde dann den Kaffee bezahlen. Die Frau gab sich damit zufrieden und hat „et Mönstermännche" nie wieder zu Gesicht bekommen.

4. Angebot und Nachfrage

Die dünne Besiedelung auf den Höhen der Eifel und das wenige Bargeld, das den Bauern zur Verfügung stand, haben es dem Handel sehr schwierig gemacht, sich in den Dörfern zu etablieren und genügend Gewinne zu erwirtschaften. Darum wurde die Lebensmittelversorgung teilweise von den Bäckern übernommen, weil sie ohnehin ein Ladenlokal betrieben. Erst in späteren Zeiten gründeten einige Geschäftsleute in den Dörfern eigene Lebensmittelgeschäfte, und die KONSUM-Genossenschaften wurden ins Leben gerufen. Trotzdem gab es auch nach diesen Geschäftsgründungen noch Versorgungslücken. Hauptsächlich gab es diese Engpässe bei der Versorgung mit Schuhen und Bekleidung, die durch

umherreisende Händler überbrückt wurden. Selbst heute zur Jahrtausendwende bietet unsere Region umherfahrenden Lebensmittelhändlern immer noch eine lohnende Geschäftgrundlage.
Trotz dieser guten Versorgung gab es weitere Versorgungsmängel in gewissen Bereichen. Damit diese Lücken geschlossen wurden, hatten sie einige wenige Gemischtwarenhändler etabliert, die ein weites Feld in der Versorgung der Bevölkerung zu beackern hatten. Einer dieser Händler lebte im Schleidener Land und war weit über die Grenzen seiner Heimat hinaus bekannt geworden. Als ich in den siebziger Jahren mal einen günstigen Schreibtisch suchte, stellte ein Schleidener Arbeitskollege den Kontakt zu diesem Händler her, und ich sollte zu einem vereinbarten Termin im Hause des Händlers erscheinen. Völlig ahnungslos vor einem kleinen Einfamilienhaus eingetroffen, erschien ein Herr im fortgeschrittenen Alter und begann zu reden wie ein Wasserfall, ich kam überhaupt nicht zu Wort. Zuerst zeigte er mir in seinem Wohnzimmer zirka 100 Armbanduhren, aus denen ich mir die schönste aussuchen könne und keine teurer sei als 50 DM. Darauf folgte die Präsentation von Armbändern und Schmuckketten. Der Weg führte weiter in die Küche, wo er einige Kartons vom Schrank nahm und Messer in allen Variationen präsentierte. Der Weg durch das „Ladenlokal“ führte die Treppe hinauf, die an der linken Seite mit Kartons voller Damenhüte belegt war. In einem der Schlafzimmerschränke hingen einige Pelzmäntel, die er mir zu einem absoluten Vorzugpreis für meine Frau oder Freundin anbot. Die anderen Zimmer beherbergten Bettwäsche, Möbel, Radios und sogar einen Fernsehapparat. Im Keller dieses Einfamilienhauses befanden sich die einfachen Werkzeuge wie Schaufeln, Hacken, Hämmer und landwirtschaftliches Kleingerät. Im Stall bot er mir neben einem Kalb noch Kaninchen und Meerschweinchen an, und hinter dem Haus hielt er für die Kundschaft einen Heuwender bereit.
Erst auf dem Weg zur Garage kam ich zu Wort und fragte ihn, ob er keinen Schreibtisch im Angebot habe. „Ja“ meinte er: „Da kicke mer ens er Garasch.“ (Dann sehen wir mal in der Garage nach.)
Das war leider nicht so einfach, denn das Garagentor war mit Stapeln voller Zaunpfähle und Bretter versperrt, nur den Seitenein-

Mobiler Supermarkt um 1920

Bild aus: Kreisverwaltung Daun (Hrsg.): Kreis Daun - Bilder aus vergangenen Tagen, Meinerzhagen 1985, S. 188

gang konnte er durch die Anwendung sanfter Gewalt einen Spalt weit öffnen, so dass wir dorthinein konnten. In der Garage lagen gebrauchte Autoersatzteile, Bohrmaschinen und Stahlprofile in einer eigenartigen Sortierung durcheinander. Nach zirka 5 Minuten kam der Händler zu dem Ergebnis, er hatte leider keinen Schreibtisch mehr im Angebot. Aber das war doch nicht weiter schlimm, ich solle mir fürs Erste eine der guten Bohrmaschinen kaufen, damit ich was zu tun hätte, er würde mir innerhalb des nächsten Monats einen Schreibtisch besorgen.
Ich konnte ihn davon überzeugen, keinen Bedarf an Bohrmaschinen zu haben und erfüllte ihm letztlich noch seinen Wunsch und schrieb ihm meine Adresse auf einen Zettel. Er würde sich bald bei mir melden und den gewünschten Schreibtisch liefern, so verabschiedete er mich vor seinem Haus. Froh dieser Zwangslage entkommen zu sein, fuhr ich in Richtung Heimat und vergaß recht bald diesen Händler. Doch etwa zwei Monate später bekam ich zu Hause unerwartet Besuch von diesem Herrn, der mir höchstpersönlich die schlechte Nachricht überbrachte, Schreibtische seien im Moment nicht lieferbar, aber er bot mit ersatzweise eine Motorsäge an, die er rein zufällig noch im Kofferraum seines Autos hatte und deren Vorteile er mir sofort vorführen wollte.
Es war eine schwere und Nerven aufreibende Arbeit, diesen Händler wieder los zu werden.

5. Bildung adelt

Unsere Vorfahren kannten selbstverständlich nicht die Vielzahl an Schulen, die uns heute zur Verfügung stehen, jedoch die Einführung der allgemeinen Schulpflicht in Preußen hat im Laufe der Zeit auch die Gründung vieler weiterführender Schulen sowie Fach- und Spezialschulen nach sich gezogen. Neben dem neu geschaffenen, staatlichen Schulsystem existierten noch die Schulen in der Trägerschaft von Kirchen und Klöstern.
In Trier gab es bereits im neunzehnten Jahrhundert eine Spezialschule für Taubstumme. An dieser Schule haben in der damaligen

Zeit Jungen aus der weit entfernten Nordeifel Handwerksberufe wie Schuhmacher, Schmied oder Schneider erlernt, die sie danach als Selbstständige ausgeübt haben.
Unsere Nordeifeler Heimat besaß bereits im neunzehnten Jahrhundert eine Landwirtschaftsschule zunächst in Bütgenbach, das heute zu Belgien gehört, und später in Monschau-Imgenbroich. An dieser Schule wurden die hiesigen Bauernsöhne in der Führung einer modernen Landwirtschaft ausgebildet, ein Segen für unsere karge Gegend. Leider waren die meisten Fachschulen weit entfernt von unserer heimischen Geborgenheit, irgendwo in der weiten fremden Welt. Das dort vermittelte Bildungsniveau war nicht so hoch, wie wir es heute gewohnt sind, allein schon weil die Wissenschaft noch nicht so tief in die Forschung eingedrungen war, wie wir das kennen. Ein Absolvent einer solchen Fachschule beherrschte mehr die Fertigkeiten, die für seine Tätigkeit wichtig waren, als die theoretischen Hintergründe. In vielen Fällen wird auch der junge Bursche aus unseren Landen sich in der fernen Stadt neben einem feineren Hochdeutsch auch gewisse Umgangsform mühsam angeeignet haben.
Ein hiesiger Bäcker, der sein Handwerk in Köln erlernt hatte, erzählte mir, was er alles lernen musste, bevor er in gewisse Restaurants hineingelassen wurde. Ganz davon zu schweigen, was in der fachlichen Unterweisung alles auf ihn zukam.

Ein ungezogenes Mädchen aus der Eifel sollte nach dem Willen der wohlhabenden Eltern eine gründliche Ausbildung in der Hauswirtschaft erhalten und auch die richtigen Manieren im Umgang mit den Leuten kennen lernen. Darum hatte der Vater über seine guten Beziehungen eine Hauswirtschaftsschule in feinen Berlin für das Studium seiner Tochter ausgesucht.
Das Mädchen sträubte sich mit allen Mitteln gegen diesen Umzug nach Berlin, das doch so weit von ihrer trauten Umgebung entfernt lag. Alle Widerrede half nichts, der Vater setzte seinen Willen durch. Er brachte seine Tochter mit dem Pferdegespann nach Aachen zum Bahnhof und setzte sie dort in den Zug, der sie nach Berlin brachte.

Die Familie wusste zunächst gar nicht, wie ihr geschah, denn die Tochter kam nicht, wie befürchtet, nach einigen Tagen wieder zurück sondern blieb in Berlin. Sie schickte sogar eine Ansichtskarte aus der Reichshauptstadt mit den besten Grüßen an ihre Eltern.
Die Ausbildung an der Schule sollte zwar zwei Jahre dauern, doch nach einigen Monaten steht die Tochter plötzlich wieder vor der Haustür ihres Elternhauses.
Sie hatte sich den Anweisungen der Lehrerinnen nicht gefügt und war aus dem Internat hinausgeflogen.
Der Vater fand fast keine Worte für dieses krasse Fehlverhalten und schimpfte ohne Unterlass.
Eine Frau aus der Nachbarschaft, die zufällig im Haus war, wollte die Situation ein wenig entzerren und fragte das Mädchen danach, was es denn alles auf der Schule gelernt hätte.
Darauf bekam sie die knappe Antwort:
„Anstand, du Arschloch"

Sie wurden auch auf Anstand getrimmt

Bild aus: Ferber, Franz-Josef: Vulkaneifelheimat - Bilder aus dem Kreis Daun 1900-1950, Aachen 1996,S. 17

6. Majestätsbeleidigung

Das Gebiet unserer Heimat, der Eifel, lässt sich nicht eindeutig definieren, im Norden kommen sich das Hohe Venn, der östliche Ausläufer der Ardennen, und die nordwestlichen Höhen des Rheinischen Schiefergebirges ein wenig ins Gehege. Für die Einwohner der Belgischen Eifel oder der Ardennen, je nach Sichtweise, hat sich im Laufe der Geschichte des Öfteren eine weitere Schwierigkeit ergeben.

Für sie ließ sich die Frage, zu welchem Staat sie gehören, nie ganz leicht beantworten. Weil sie deutschsprachig waren, wurden sie auf dem Wiener Kongress der Rheinprovinz zugerechnet und dem preußischen Staat zugeschlagen.

Sie bildeten nach einigen Veränderungen später die Kreise Eupen und Malmedy und gehörten zum Regierungsbezirk Aachen, der dem Oberpräsidenten der Rheinprovinz mit Sitz in Koblenz unterstand.

Die Söhne dieser Region haben ab 1814 in der Preußischen Armee ihren Wehrdienst geleistet, in den Einigungskriegen gegen Dänemark, Österreich und Frankreich ihren Blutzoll erbringen und später im Deutschen Kaiserreich den unseligen ersten Weltkrieg miterleben müssen.

Gemäß des Versailler Friedensvertrages wurden die Kreise Eupen Malmedy 1920 in das Königreich Belgien eingegliedert.

Weil die Leute in diesen neuen Belgischen Ostkantonen mehr als einhundert Jahre zu Preußen und Deutschland gehört hatten, fiel es ihnen nicht leicht, sich von heute auf morgen an diese neue Nationalität zu gewöhnen. Diese Gewöhnung wurde ihnen damals erschwert, weil sie sich nun in einem Staat befanden, gegen den Deutschland Krieg geführt hatte, und in dem ihre Muttersprache nicht heimisch war. Der Schriftverkehr mit Behörden wurde zunächst fast unmöglich, die neue Sprache musste erst erlernt werden. Die Verwandten in den früheren Nachbarkreisen Monschau, Schleiden und Prüm wohnten jetzt für sie im Ausland, ein Besuch

Elsenborn.

Nachdruck verboten.

Hoch in der Eifel liegt ein Schatz
Es ist der Truppenübungsplatz
Mit Tannen und endloser Heide
Weit zieht er sich in die Weite.
Nur Erika und Ginster gedeiht
Bei uns hier oben weit und breit.
Bei Tage scheint die Sonne heiß
Des Nachts dagegen ist's kalt wie Eis.
Die Winde und Stürme sind hier zu Haus
Sie sausen und brausen, tagein tagaus,
Es grasen die Kühe auf Täler und Höhn
Selbst auf der Landstraß' ist das zu sehn.
Das Lager selbst ist eine Stadt
Das sehr viel interessantes hat.

Es gehen ihren Geschäften nach
Schuster, Schneider, Photograph
Bäcker, Metzger, Conditorei
Milch und Butter, Spezerei
Post, Casino und Friseur
Cantinen, Theater und noch mehr.
Morgens schon, kaum graut der Himmel
Fängt es an, das groß Gewimmel
Soldaten unermeßlich viele
Ziehen aus mit Musikgespiele
Durch der Straßen lange Zeile
Alle haben große Eile
Denn zu ihrem Nutz und Frommen
Wird jetzt die Uebung aufgenommen.
Ueber Heide, über Ginster
Ob es Tag ist oder finster
Oder ob am Firmament
Glühend heiß die Sonne brennt

Ob es frieret oder schneit
Oder Nebel weit und breit
Ueber Täler, über Höhn
Saust auch noch so sehr der Föhn
Wir üben mit Begeisterung
Denn bald ist die Besichtigung.
Nun geht das Exerzieren an
Ein jeder tut jetzt was er kann.
Damit wenn Sr. Exellenz
Erscheinet mit dem Auto „Benz"
Er ja nichts auszusetzen hat
Sonst gibts Funktion und nicht zu kus
So! endlich ist die Zeit gekommen
Daß baldigst Abschied wird genomme
Voller Freud' den nassen Blick
Senden wir nach dir zurück
Von hinten tönts und auch von vorn
Leb wohl auf Ewig: Elsenborn.

Lager Elsenborn kurz nach der Erbauung duch die Peußen um 1890

bei ihnen erforderte nun umständliche Passformalitäten und zog häufig Probleme am Zollamt nach sich.

Als die Leute sich dann in etwa an diese neuen Verhältnisse gewöhnt hatten, begann Hitler auf deutscher Seite, sich gegen dieses „Versailler Diktat" aufzulehnen, er wollte alle wieder heim in sein Reich holen, so wurden die beiden Kreise Eupen und Malmedy nach dem Einmarsch der Deutschen in Belgien im Mai 1940 wieder deutsches Staatsgebiet.
Nach dem Ende der Rundstedtoffensive, als die Heimat völlig zerstört war, kamen die Gebiete wieder zu Belgien.
Dieses Hin und Her hat natürlich bei den Leuten seine Spuren hinterlassen, sie hatten vom Preußentum die Nase gestrichen voll.
Nach dem zweiten Weltkrieg, als das Leben sich wieder ein wenig normalisiert hatte, entstand aus den Ruinen auch wieder das vor dem Krieg sehr gepflegte Vereinsleben in den Ostkantonen Belgiens. Die alten Traditionen standen dabei Pate.

Nachdem die Mitglieder der Vereine in Elsenborn wieder einige Jahre neues Inventar beschafft und genügend geprobt hatten, waren sie in der Lage, ein großes Schützenfest auszurichten. Alle Ortsvereine beteiligten sich an der Verschönerung des Festes, und viele Gastvereine aus nah und fern gaben dem Fest einen würdigen Rahmen.

Aber dieses große Fest verlangte vom Vereinsvorsitzenden neben der umfangreichen Vorbereitung auch viel Arbeit am Festtage. Zuerst musste er überall nach dem Rechten sehen, jeden Verein begrüßen und den anschließenden Festzug störungsfrei ablaufen lassen.

Nachdem das alles geschafft war, kam auf ihn die Pflicht zu, auf dem Festplatz vor der gesamten Versammlung die Eröffnungsrede zu halten. Dafür braucht man neben guten Nerven auch die volle Konzentration. Bei dieser Rede verließ sich der Vorsitzende auf seinen reichlichen Erfahrungsschatz. Er begrüßte die Ehrengäste sowie Gastvereine und bedankte sich bei den Ortsvereinen für ihre Unterstützung.

Kurz bevor er seine Rede begann, hatte man ihm eine Notiz zugesteckt, er solle auf jeden Fall auch das belgische Königspaar grüßen. Das machte er zum Schluss seiner Rede mit den Worten: „Und zum Abschluss grüße ich herzlichst König Leopold und seine Königin. Ich bitte unseren Musikverein, ihnen zu Ehren den Marsch >Preußens Gloria< zu spielen."

7. Europa ist groß

Diese Probleme mit der staatlichen Zugehörigkeit und den territorialen Zuständen hat es auch auf deutscher Seite gegeben. Denn die linksrheinischen, deutschsprachigen Gebiete waren auch einem ständigen Wechsel in der staatlichen Obrigkeit unterworfen. Im Mittelalter waren diese Gebiete in mehrere Fürstentümer aufgeteilt, die sich durch Kriege immer wieder veränderten. Sehr einschneidend für unsere Gegend waren die Folgen der Französischen Revolution von 1789. Denn im Jahre 1794 zogen die österreichi-

Typische Feier zum Volkstrauertag in der Eifel. Die ganze Dorfbevölkerung ehrt ihre Gefallenen.

schen Truppen vor den Franzosen fliehend auf das rechte Rheinufer zurück und die französischen Truppen besetzten unsere Heimat. Unsere Vorfahren hatten dann unter französischer Flagge in dem Feldzug nach Russland 1812-1813 sehr viele Gefallene zu beklagen. Diese französische Herrschaftszeit zeigt heute noch ihre Spuren in unserer Gegend. Denn nicht grundlos sagt man in Deutschland, der Rheinländer sei der deutsche Franzose, was heißen soll, wir hätten einen Teil der französischen Lebensart übernommen. Bei uns herrscht eben eine größere Gelassenheit im täglichen Leben als in anderen deutschen Gegenden. Unser Dialekt ist noch reichlich gespickt mit französischen Worten. „Mostert“ steht für Senf, „Plavong“ für Zimmerdecke und „Kamesol“ für die Arbeitsjacke aus blauem Leinenstoff, um nur einige Beispiele zu nennen. Im Jahre 1914 kamen die Preußen und überzogen unsere Gegend mit ihren Verwaltungs- und Herrschaftsstrukturen, eine Änderung mit langen Nachwehen. Chronisten berichten von der Begeisterung der hiesigen Jugend, mit der sie ihren Wehrdienst im starken Preu-

ßischen Heer antraten. Uns sind die späteren Bilder dieser Begeisterung bei Ausbruch des ersten Weltkrieges noch aus den Geschichtsbüchern bekannt. Nach dem verlorenen Krieg auf preußischer Seite rückte die Staatsgrenze zu Belgien weiter nach Osten und wieder kamen französische Besatzungstruppen, genau 105 Jahre nach ihrem Abzug. In die Notjahre nach dem ersten Weltkrieg und der totalen Geldentwertung kam im Rheinland die Separatistenbewegung auf den Plan, die sich für ein eigenständiges Rheinland als Pufferzone zwischen Frankreich und Deutschland stark machten. Die deutschen Behörden in Berlin riefen zudem die Rheinländer zum passiven Widerstand gegen die französische Besatzungsmacht auf. Diesem Aufruf sind auch viele unserer Vorfahren gefolgt und haben ihre Arbeitsplätze verlassen, was sie in eine tiefe Not gestürzt hat. Erst im Jahre 1930 zogen die französischen Besatzer wieder ab, und unsere Heimat blieb bis 1935 entmilitarisiert. Aber die Eroberungssucht Hitlers pflügte unsere westliche Gegend erst einmal um mit dem Bau des Westwalles. Der spätere Krieg zog zunächst in Richtung Westen, 1944 im September wieder in Richtung Osten. Im Dezember 1944 trieb die Rundstedtoffensive die Kampfhandlungen wieder nach Westen bis kurz vor Bastogne und danach wieder nach Osten. Die Folge davon war wiederum amerikanische Besatzung. Die Söhne unserer Heimat waren in ihrer Soldatenzeit durch ganz Europa getrieben worden. Wo waren diese Soldaten eigentlich, als sie nach dem Krieg aus der langen Gefangenschaft wieder Heim kehrten? In Deutschland, in der britischen Besatzungszone, im Rheinland, oder kamen sie jetzt zu Belgien oder Frankreich?
Wer kannte sich in diesem „Wirrwarr eigentlich noch aus?
Diese Verwirrung spricht aus den Worten eines hiesigen Vereinsvorsitzenden. Er hatte nach der Rückkehr aus der Gefangenschaft das Vereinsleben wieder belebt und konnte schon im Jahre 1948 eine Gefallenenehrung am örtlichen Kriegerdenkmal ausrichten. In seiner Ansprache an das Volk schilderte er die großen Verluste, die der Krieg gekostet hatte und richtete sein Wort an seine toten Kameraden:
„Liebe gefallenen Kameraden, Ihr ruht in allen Erdteilen Europas!“

8. Weiterbildung

Die Dichte der Bebauung und die konzentrierte Menschenmenge auf engstem Raum in den Städten hat schon recht früh die Aufstellung einer professionell ausgerüsteten und berufsmäßig organisierten Feuerwehr erforderlich gemacht. War erst einmal ein Haus in einer Häuserzeile in Brand geraten, wurden auch sehr schnell die anderen Gebäudeteile ein Raub der Flammen, wenn nicht schnellstmöglich Löschungsmaßnahmen ergriffen wurden. Das galt vor allem in früherer Zeit, als nicht brennbare Baustoffe hierzulande noch ein Fremdwort war und der Baustoff Holz sich noch größter Beliebtheit erfreute.
Die Dächer waren noch mit Stroh gedeckt, die Außenmauern bestanden aus Fachwerk, das in den Feldern ein lehmverschmiertes Holzgeflecht aufwies, und die Geschossdecken waren vollkommen aus Holz gefertigt.
In unseren Dörfern war die Bebauung ebenfalls sehr feueranfällig, aber weil die Bebauungsdichte nicht sehr hoch war, ließ der Abstand zwischen den Häusern im Brandfall ein leichtes Übergreifen der Flammen auf die Nachbarhäuser nicht so schnell zu.
Trotzdem galt es aber auch hier, Leib und Leben der Einwohner sowie des darin lebenden Nutzviehs im Brandfall zu retten. Einerseits gab es in früherer Zeit noch keine Kraftfahrzeuge, Motorpumpen und Wasserleitungen, andererseits hätten die finanziellen Möglichkeiten der nur wenig Einwohner zählenden Eifeldörfer die Anschaffung größeren Löschgerätes nicht zugelassen, und die Aufstellung einer Berufsfeuerwehr wäre auch niemals möglich gewesen.
Zur Brandbekämpfung gab es lediglich einige Ledereimer und möglicherweise eine Handpumpe, die von einem Zugtier zum Brandherd gezogen, mit Eimern aus dem nächstgelegenen Brunnen befüllt und deren Pumpmechanismus von sechs bis acht Leuten per Hand bedient werden musste.
Doch die allgemeine Modernisierung hat auch vor den Feuerwehren unserer Dörfer nicht Halt gemacht. In fast jedem Ort besteht

Sie sind bestens ausgebildet: Feuerwehrmänner mit ihrem Spritzenwagen
Foto: Freiwillige Feuerwehr Kalterherberg

eine freiwillige Feuerwehr, die sich aus den jungen Männern dieses Ortes rekrutiert. Selbstverständlich besitzen diese Wehren auch moderne Kraftfahrzeuge sowie das nötige Brandbekämpfungs- und Hilfsgerät.
Dieses immer moderner werdende Gerät kann nur dann seinen Zweck erfüllen, wenn es richtig bedient und eingesetzt wird. Also müssen die Feuerwehrleute zur Bedienung der Geräte ausgebildet und ständig weiter gebildet werden.
Und genau da liegt für die meisten Wehren das Problem. Denn die Mitglieder der Wehren gehen tagsüber ihrem Beruf nach und üben die eine oder andere Nebentätigkeit aus. In ihrer somit recht knapp bemessenen Freizeit müssen sie sich dann auf die Schulbank setzen, und der örtliche Wehrführer oder Brandmeister erteilt theoretischen Unterricht. Jedoch die Schulbank ist für die meisten erwachsenen Kameraden gewöhnungsbedürftig.
Bei einer solchen theoretischen Unterweisung des Wehrführers an seine Wehrleute hatte der Unterrichtende zunächst die Schwierig-

keit, seine Leute ruhig zu kriegen und deren Aufmerksamkeit zu gewinnen. Dann begann er weit ausholend damit, den Leuten die Bedienungselemente am neuen Tanklöschfahrzeug zu erklären, aber immer wieder fällt einer seiner Mannen dadurch auf, dass er halblaut seine Witze erzählt und die Aufmerksamkeit der Kameraden mehr auf sich als auf den Unterricht lenkt. Irgendwann reißen dem Wehrführer die Nerven. Er unterbricht seine Ausführungen und fährt den Störenfried an, er solle endlich ruhig sein und nicht weiter stören. Dann sagt der Brandmeister:
„Ich wette, du weißt nicht, was ich eben gesagt habe."
Totenstille herrscht im Saal.
Doch wider Erwarten kann der Störenfried die Ausführungen des Unterrichtenden nach erzählen.
Als Nachschlag gibt er dem Brandmeister zur Antwort:
„Aber du weißt nicht, was ich gesagt habe!"
Damit hatte er die Lacher wieder auf seiner Seite, und der Unterricht ging im Gelächter unter.

9. Immer cool bleiben

Man sagt den Menschen auf dem Land allgemein nach, sie seien, durch ihre eintönige Umgebung geprägt, geistig nicht so beweglich wie die Menschen, die sich ständig im Getriebe der Großstadt aufhalten. Dieses Vorurteil bestand auch schon in früheren Zeiten, als die Menschen aus den Eifeldörfern so gut wie nie in die Großstadt gerieten.
Auch in unseren Dörfern mussten die Befehle der Obrigkeit ausgeführt werden, einige Leute hatten sich bereit zu erklären in den Gemeinderat oder gar zum Bürgermeister wählen zu lassen, und der Staatsmacht Geltung zu verschaffen. Das hat in unserer Gegend auch meistens geklappt, obwohl aus der Franzosenzeit von aktivem und passivem Widerstand gegen die Besatzungsmacht berichtet wird. Nachdem die französische Besatzungsmacht die Wahl eines Bürgermeisters befohlen hatte, der die materiellen Abgaben an die Regierung in Aachen durchzusetzen hatte, lehnten die Leute sich

in unserer Gegend natürlich gegen ihn auf. Als man sie unter Zwang setzte, bestimmten sie mancherorts Analphabeten zum Bürgermeister, die beim besten Willen nicht in der Lage waren, auch nur eine Anordnung der Besatzer durchzusetzen, weil sie die Anweisung gar nicht erst lesen konnten.

Die Lage in unseren Dörfern wurde jedoch erheblich gefährlicher, als die Nationalsozialisten in Deutschland die Macht ergriffen. Wer in dem braunen Strom nicht mitschwimmen wollte, der musste sich erst einmal auf den „Führer konzentrieren“, damit er ihn verstehen konnte, so verkündeten die neuen Machthaber. Und was aus diesem Satz geworden ist, das schockt noch heute die ganze Welt. Die Leute waren aufgerufen, die neue Politik zu unterstützen und in die Partei einzutreten. Das haben bestimmt auch viele Leute mit voller Begeisterung getan. Jedoch im Laufe der Zeit, als der Krieg bereits schlimme Wunden hinterlassen und viele Menschen das Leben gekostet hatte, wurden gewisse Posten frei, die niemand mehr übernehmen wollte. Und wenn ein „Volksgenosse“ nicht wollte, dann wurden so lange Zwangsmaßnahmen angewandt, bis dem Wunsch der Machthaber entsprochen wurde.

Im Zuge einer solchen Zwangsmaßnahme war ein unbescholtener Bürger gegen Ende des Krieges zum Ortsgruppenführer ernannt worden. Dieser Posten war zu diesem Zeitpunkt alles andere als eine angenehme Aufgabe, denn er hatte unter anderem die Pflicht, alle Gefallenenmeldungen an die Hinterbliebenen zu überbringen. Und als die amerikanischen Truppen die Eifel besetzten, wurden alle örtlichen Parteiführer interniert und der Entnazifizierung zugeführt.

Der hier beschriebene Mann wurde von der US-Armee in ein Lager bei Frankfurt gebracht und dort vor Gericht gestellt. In diesem Prozess wurden jedoch zirka 30 Männer gleichzeitig angeklagt. Und unserem Zeitgenossen fiel sofort auf, als das Hohe Gericht ein wenig die Übersicht verloren hatte. Das wollte er auch zu seinem Vorteil nutzen.

Irgendwann verkündet das Gericht das erste Urteil.

Einer der Angeklagten wird freigesprochen. Nun spielt unser Eifeler Mitbürger sein ganzes Talent aus. Denn ohne mit der Wimper zu zucken, steht er auf, als wäre er gemeint, und verlässt den Gerichtsaal. Fast jeder im Gerichtsaal ist der Meinung, der Freigesprochene gehe in seine neu erworbene Freiheit. Darum hat ihn auch niemand daran gehindert. Dann ist er so lange in der Versenkung der Großstadt geblieben, bis Gras über die Sache gewachsen war.

10. Tatsachen schaffen

Die Kommunikation unter den Menschen erfolgt meistens über die Sprache. Der Mensch ist dazu befähigt, sein Denken in Sprache umzusetzen und sich auf diese Weise seiner Umwelt mitzuteilen. Unsere Gesellschaft kennt aber auch genügend andere Methoden der Kommunikation. Uns sind akustische Signale vertraut, wie das Martinshorn oder die Feuersirene, die uns vor einer Gefahr warnen und ein bestimmtes Verhalten von uns verlangen. Die rote Ampel und das Stoppschild verlangen von uns, an einer bestimmten Stelle auf der Straße anzuhalten, und die grüne Ampel gibt uns freie Fahrt.

Die modernen Medien wie Telefax und Internet ermöglichen uns, schriftliche Nachrichten rund um den Erdball zu schicken. Die Sprache zwischen zwei Menschen kennt neben den ausgesprochenen Worten noch eine Fülle von Möglichkeiten, sich einander mitzuteilen. Das gilt besonders dann, wenn es sich um zwei junge Menschen handelt, die gerade die gegenseitige Sympathie füreinander entdecken.

Was kann hier ein anmutiger Blick, ein Lächeln oder gar eine zarte Berührung alles sagen, bestimmt mehr als die berühmten tausend Worte.

Aber auch ein finsterer Blick, oder eine abwertende Geste geben uns eine gewisse Ablehnung unseres Gegenübers zu erkennen, obwohl er sich vielleicht aus Höflichkeitsgründen mit unserem Vorschlag einverstanden erklärt. Normalerweise entwickeln zwei Menschen, die ständig miteinander zu tun haben, auch ihre Fähigkeiten weiter, sich ohne Worte fast blind zu verstehen. Beispiels-

weise zwei Fallschirmspringer, die jahrelang miteinander das Figurenspringen betreiben, müssen sich untereinander durch die kleinste Geste verstehen können. Oder Eheleute, die viele Jahre das Leben zusammen gemeistert haben, brauchen oft nur in die Augen des anderen zu schauen um zu wissen, wie seine Stimmungslage zu Zeit ist, und was er gerne möchte.
Daraus könnte man den Schluss ableiten, dass Eheleute sich nach der goldenen Hochzeit blind verstehen müssen, denn wer diese Fähigkeit fünfzig Jahre gepflegt hat, der sollte ein Meister der wortlosen Kommunikation geworden sein.
Irgendetwas kann an dieser Einschätzung aber nicht stimmen, denn der Volksmund kennt den sprichwörtlichen Vergleich:
„Die Beiden zanken sich wie ein altes Ehepaar“.
Aus diesem Spruch spricht in der Tat eine große Weisheit. Denn wohl jeder von uns kennt genügend lebendige Beispiele. Wie aus vielen Geschichten bekannt ist, haben die Leute in unserer Gegend früher aus der Notwendigkeit heraus, genügend Nahrung und Geldmittel für das Überleben zu sichern, weniger aus gegenseitiger Zuneigung als vielmehr aus wirtschaftlichen Gründen die Ehe geschlossen. Denn die Leute machten die einfache Gleichung auf:
„Geld plus Geld ist besser als Armut plus Armut“.
Wenn ein Ehepaar später genügend Besitz angehäuft hatte, war der angestrebte Zweck erfüllt und man hatte sich einfach nichts mehr zu sagen. Das wäre allein nicht weiter schlimm gewesen, jedoch begannen die meisten Eheleute dann damit, sich das Leben nach Kräften schwer zu machen. Dann gab es bestimmte Themen, die man mit seinem Ehepartner überhaupt nicht besprochen hätte. In der Küche eines Bauernhauses im Monschauer Land hatten sich eines Tages per Zufall die Burschen aus der Nachbarschaft eingefunden, um mit einem der Söhne des Hauses die Aktivitäten für die bevorstehende Kirmes zu besprechen. Der Themenkatalog an diesem Abend war sehr ausführlich.
Wie könnten sie ihr Kirmesgeld noch ein wenig aufbessern?
An welche der Dorfschönen könnten sie sich herantrauen?
Die ausführliche lustige Diskussion der Burschen gefiel den Eltern sehr. Besonders der Vater beteiligte sich angeregt an der Ausspra-

Die Freizeitbeschäftigung vieler Männer in früheren Zeiten: das Pfeiferauchen
Bild aus: Ferber, Franz-Josef: Vulkaneifelheimat - Bilder aus dem Kreis Daun 1900-1950, Aachen 1996,S. 239

che und sparte nicht mit Tipps an die Jungen, die er aufgrund seiner langen Lebenserfahrung geben konnte. Unerbetene Wortmeldungen der Mutter störten irgendwie den Redefluss. Darum kam der Vater zu dem Schluss: „Wenn Männer sich über Männerthemen unterhalten, haben Frauen bei dieser Unterhaltung einfach nichts verloren". Obwohl er seiner Ehefrau schon einige Male gesagt hatte, sie solle doch zu Bett gehen, ließ die Frau sich nicht davon abhalten ein kritisches Ohr bei der Unterhaltung zu wahren.
Wie konnte der Mann seine Frau nun dazu bewegen, die Küche wenigstens zu verlassen. Weil er schon recht ärgerlich geworden war, blies er irgendwann seiner Frau den Qualm aus seiner Pfeife ins Gesicht. Die Frau schimpfte sofort los, rieb sich die Augen und musste kräftig husten. Das war die Lösung!
Sofort holte der Mann die Zigarrenkiste aus dem Schrank, schenkte jedem der Burschen zwei Zigarren und forderte sie auf: „Jonge pieft, Jonge pieft." (Jungens raucht, Jungens raucht.)
Der Erfolg ließ nicht lange auf sich warten, denn als der Zigarrenqualm sich in der Küche verdichtet hatte, kam die Frau aus ihrem Husten nicht mehr heraus und musste fluchtartig die Küche verlassen. Dann konnten die Männerthemen ausführlich besprochen werden.

11. Bildungsunterschiede

Die Reformation und die folgenden Religionskriege haben die Eifelregion nicht vom ursprünglichen Glauben abbringen können. Die Gesetze und Gebote der römisch katholischen Kirche blieben für die Menschen Richtschnur im täglichen Leben.
Jedoch blieb unsere Gegend keine unangetastete Insel im früheren deutschen Reich, das vom evangelisch ausgerichteten Preußen dominiert wurde. Besonders in die Grenzregion zu Belgien und Luxemburg wurden immer mehr Zollbeamte aus dem preußischen Kernland versetzt und bezogen mit ihren Familien die eigens für sie errichteten Dienstwohnungen. Weil sie in ihrem täglichen Dienst dafür zu sorgen hatten, dass der gewinnbringende Schmuggel für die hiesige Bevölkerung an der Grenze unterbunden wurde, zogen sie von vorne herein schon den Hass der Leute auf sich. Weiterhin zogen nach dem zweiten Weltkrieg viele evangelische Landsleute, die aus den deutschen Provinzen Schlesien, Pommern und Ostpreußen im Osten vertrieben wurden, in unsere Gegend. Und diese Flüchtlinge wollten, in den Köpfen der hiesigen Bevölkerung, nur etwas vom westlichen Wohlstand abbekommen. Weil diese Begründungen für den Hass gegen diese evangelischen Mitbürger nicht ausreichten, kam der religiöse Unterschied wie gerufen, um diese „Eluthischen“ wie Aussätzige zu behandeln. Die Integration dieser Zugezogenen hat wohl immer nur im kleinen Kreis stattgefunden. Bekanntlich hat die römisch katholische Kirche erst 1965 im zweiten vatikanischen Konzil andere Religionen als mögliche Wege zu Gott anerkannt und den Kampf gegen diese Kirchen aufgegeben.
Und bekanntlich bleiben althergebrachte Vorurteile am längsten in den Köpfen der Menschen.

In den fünfziger Jahren des zwanzigsten Jahrhunderts bestand in den Dörfern Nordrheinwestfalens aber noch die altbewährte Ordnung. Das hieß im schulischen Bereich eine aus acht Klassen

Sie gibt es leider nicht mehr: die evangelische Kirche in Kalterherberg um 1950.

bestehende katholische Volksschule. Waren genügend evangelische Schüler vorhanden, wurde in den dörflichen Schulgebäuden eine einklassige evangelische Volksschule eingerichtet.
Während die katholischen Kinder altersgemäß an den Lehrstoff heran geführt wurden, musste die eine evangelische Lehrkraft an einem Schultag acht verschiedene Lehrstoffe in einer Klasse behandeln und sie den Kindern auch noch individuell vermitteln. Das war schlichtweg eine unlösbare Aufgabe, und die Folge blieb natürlich nicht aus. Die Kinder aus der evangelischen Klasse blieben in ihrem schulischen Wissen weit hinter ihren katholischen Altersgenossen zurück, und mit der Zeit hatte man sich an diesen Zustand gewöhnt. Die evangelischen Kinder waren nicht nur „aussätzig“, sondern sie galten auch als dumm.
Dieses Vorurteil wurde noch bekräftigt, als in Nordrheinwestfalen im Jahr 1968 als Folge der Bildungsreform die konfessionsunabhängige Hauptschule geschaffen wurde, und nun alle Kinder eines

Jahrganges aus mehreren Dörfern ohne Rücksicht auf deren Bekenntnis in einer Klasse zusammen gefasst wurden. In dieser neuen Hauptschule fielen die Kinder aus den früheren evangelischen Klassen anfänglich durch schlechte Zeugnisnoten auf. Darunter hatten sie auch erheblich zu leiden, so dass die meisten von ihnen resignierten. Da aus organisatorischen Gründen zunächst kein evangelischer Religionslehrer zur Verfügung stand, konnten die evangelischen Kinder auf freiwilliger Basis am katholischen Religionsunterricht teilnehmen. Zur ersten Religionsstunde beim Pfarrer aus einem anderen Dorf erschienen die Kinder aus der ehemaligen evangelischen Klasse auch, doch das wusste der Pfarrer nicht. Die katholischen Schüler konnten komischerweise einige Fragen des Dorfpfarrers nicht beantworten. Da schlug die große Stunde eines evangelischen Jungen. Er konnte aufgrund seiner guten Religionsausbildung alle Fragen des katholischen Pfarrers problemlos beantworten. Der Pfarrer lobte den Jungen und fragte ihn, von welchem seiner Kollegen er bisher unterrichtet worden sei. Als der Junge sich als evangelisch zu erkennen gab, wurde es dem Pfarrer schon ein wenig mulmig, doch schließlich zollte er dem Jungen gegenüber seinen Respekt. Nun erkannten seine Mitschüler ihn auch als gleichwertig an. Das sprach sich im Dorf schnell herum und hat erheblich zum Abbau der Vorurteile zwischen den Christen in unserer Region beigetragen.

12. Arbeitsersparnis

Die oft gelobte, schöne Heckenlandschaft im Nordeifeler Land um die Orte Simmerath und Monschau hat eine lange Tradition. Bereits im Mittelalter stellte der Landesfürst fest, dass die Bauern für den Bau von Weidezäunen zu viel Holz aus seinem Forst schlugen. Das durfte nicht sein. Wo wäre der Fürst auch hingekommen, wenn seine riesigen Forste von seinen Untertanen durch einige hundert Fichtenstangen jährlich dezimiert worden wären. Bekanntlich durfte der Untertan vor dem Gesetz nur das tun, was nicht gegen den Nutzen des Herrn gerichtet war. Darum erließ der

Landesherr ein Gesetz, das die Pflanzung von Hecken auf den Wiesenrainen als künftige Einfriedung vorschrieb. Dadurch hatte er weniger Verlust in seinen Forsten wegen des zu schlagenden Zaunmaterials, und die Untertanen konnten auch das benötigte Brennholz aus den künftigen Hecken beziehen. Wenn sich die hiesige Bevölkerung auch nicht immer an diese Fürstenweisung gehalten hat, so ist doch eine einmalig schöne Heckenlandschaft entstanden. Sie wird gekrönt durch die hohen Windschutzhecken hauptsächlich in den Dörfern Konzen, Mützenich Kalterherberg und Höfen am Hohen Venn. Im Laufe der Jahrhunderte wurde aus diesem einstigen Zwang ein Steckenpferd für die Bevölkerung. Jedem Besitzer einer solchen hohen Windschutzhecke an der Westseite seines Hauses wird zwar jedes Jahr viel Arbeit abverlangt, doch wenn der jährliche Schnitt über die Hecke ergangen ist und sie in neuem Glanz erscheint, ist nicht nur der Besitzer stolz, sondern die Hecke verleiht auch jedem Haus ein unverwechselbares neues Gesicht. Das Aussehen des Hauses ist den Menschen hier schon wichtig, aber die Hecken in den Feldern geben neben der alljährlichen Arbeit wenig Vorteile her. Diese Heckenlandschaft wird bereits seit ihrem Bestehen von staatlicher Seite geschützt und bezuschusst.

Dieser Zaun braucht keine jährliche Pflege

So war es auch nach einer Flurbereinigung im Monschauer Land in den fünfziger Jahren. Nachdem die neuen Felder vermessen und deren Grenzen festgelegt waren, erhielten die Bauern die Heckenpflanzen kostenlos mit der Verpflichtung, sie einzubringen und das altgewohnte Heckenbild in etwa wieder herzustellen. Doch leider konnte die staatliche Kommission nicht alle Bauern von den Vorteilen einer Hecke als Einzäunung des neuen Feldes überzeugen. Die Bauern gruben die zur Verfügung gestellten Pflanzen auch ein, einige von ihnen scheuten aber die kommende Arbeit und sie gingen abends wieder zu ihren Feldern und zogen die Pflanzen ein wenig heraus. Das wiederholte sie in den kommenden Wochen noch einige Male. Und so war es nur für die Umlegungskommission ein Wunder, dass die Pflanzen an gewissen Feldern nicht angewachsen waren, während sie an anderen Feldern in die prächtigste Blüte gerieten. So konnten die Bauern wieder Zäune aus Stacheldraht anlegen, die keine ständigen Pflegearbeiten nach sich zogen.

13. schnelle Reaktion

Man muss die Feste feiern, wie sie fallen, so lautet eine alte Spruchweißheit. Das haben unsere Vorfahren auch schon immer so gehalten, selbst wenn sie die Feste früher nicht in der heutigen Vielzahl und Ausführlichkeit gefeiert haben. Große Feste mit Tanz im Dorfsaal gab es früher zwar nur drei, das waren Karneval, Kleinkirmes und Großkirmes, doch dafür wurde auch ausgiebig gefeiert, und es wurden große Vorbereitungen getroffen. Die jungen Männer im Dorf nutzten schon Wochen vor dem Fest jede Möglichkeit, sich ein wenig Geld nebenbei zu verdienen; die jungen Mädchen hatten alle Hände voll zu tun, sich den Stoff für das Ballkleid zu beschaffen und es meist im Kreise der Freundinnen zu nähen. Wenn die jungen Leute an der Landwirtschaft zu Hause kräftiger zupackten als sonst, ließen die Eltern sich auch nicht lumpen und steckten ihren Kindern an den Festtagen den einen oder anderen Schein als kleine Finanzhilfe zu.

So weit so gut, aber auch beim schönsten und ausgiebigsten Fest durfte in unseren Dörfern die tägliche Pflicht nicht vernachlässigt werden. Alle Tiere mussten auch an den Festtagen rund um die Uhr versorgt werden. Das Futter musste herangebracht, die Kühe morgens und abends gemolken und der angefallene Mist aus dem Stall gebracht werden. Zwischen diesen Pflichten konnte dann dem Tanzen und auch dem Trinken gefrönt werden.

War die abendliche Stallarbeit erledigt, konnte man fast im ganzen Dorf schon aus dem Dorfsaal die Ballkapelle spielen hören. Wer dann noch nicht im Saal war, der machte sich schnellstens auf den Weg dorthin, um so wenig Tänze wie möglich zu verpassen. Im Saal angekommen, musste zuerst ein Eintrittsgeld entrichtet werden, dann konnten die jungen Mädchen an den für sie vorgesehenen Tischen Platz nehmen. Eigenartigerweise befanden sich an den gegenüberliegenden Tischen am anderen Ende der Tanzfläche die Tische, an denen die jungen Männer zu Anfang des Abends saßen. Begann dann die Ballmusik mit ihrem Spiel den nächsten Tanz, setzte eine kleine Völkerwanderung von den Tischen der Jungen zu denen der Mädchen ein, und sie wurden zum Tanz aufgefordert. Im Nu war die Tanzfläche gefüllt bis auf den letzten Flecken. Wurde ein Mädchen des Öfteren vom selben Mann aufgefordert, und schien sich eine Beziehung anzubahnen, machte der junge Mann seine ersten konkreten Annäherungsversuche, indem er das Mädchen nach dem jeweiligen Tanz zu einem Getränk an die Theke einlud, wo man ein persönliches Wort austauschen konnte. Hatte der junge Mann dann im Laufe des Abends das Herz seiner Angebeteten erobert, durfte er sie zu Fuß nach Hause begleiten.
Ein recht leichtlebiger Junge, der auf Kirmes einen recht ausschweifenden Abend gefeiert und dem Alkohol sehr stark zugesprochen hatte, kam viel zu spät, oder genauer gesagt recht früh, erst gegen sechs Uhr am elterlichen Hause an. Weil die Haustüre verschlossen war, was selten vorkam, gelangte er durch einige Tricks über die Scheunentür ins Haus. Die Bauernhäuser waren in unserer Gegend alle so aufgebaut, dass zum Westen hin eine große Scheune lag, die dem harten Westwind als erste Paroli bieten mus-

ste. Dann folgte der Stall, der für unsere Vorfahren nicht etwa Gestank sondern Wärme abgab. Daran schloss sich nach Osten der Wohntrakt an. Er hatte sich zwar schon sehr leise verhalten, um die Eltern nicht zu wecken, doch als er im Stall angekommen war, hörte er, wie sein Vater bereits in der Küche war und sich zur Stallarbeit rüstet.

Als dann die Tür zum Stall aufgeht, schnappt der Junge sich geistesgegenwärtig sofort den Melkschemel sowie einen Eimer und sitzt auch schon an einer Kuh, um sie zu melken. Der Vater sieht ihn und will es gar nicht glauben. Sein leichtlebiger Sohn, der normalerweise bis zum Abwinken feiert, sitzt bereits um sechs Uhr im Stall beim Melken. Das hat dem jungen Mann derart viele Sympathien seiner Eltern eingebracht, dass er diese Kirmes ohne finanzielle Engpässe feiern konnte.

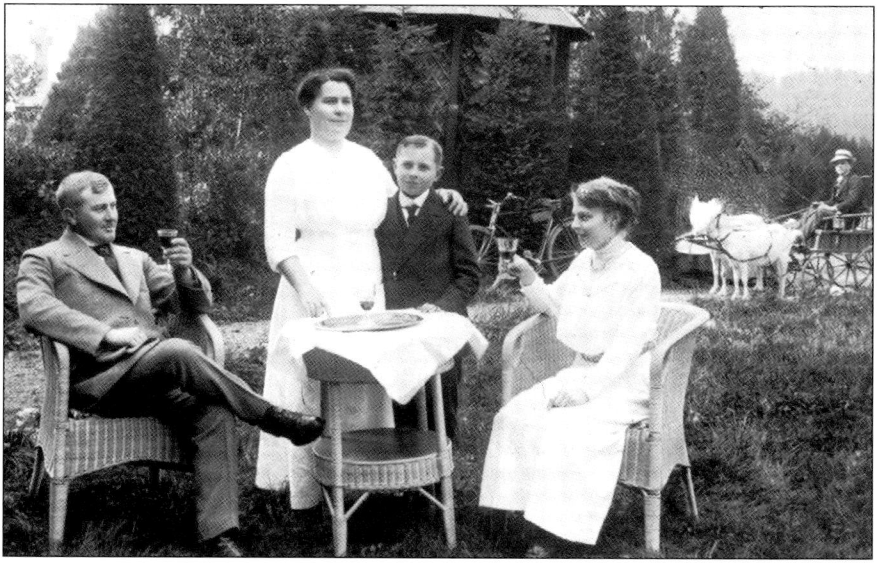

Hier liegt Arbeiten und Feiern sehr nahe beieinander. Im Hintergrund ein Ziegengespann. Gut Reichenstein um 1890.

14. Vorsicht ist nötig

Die Menschen oberhalb der großen Seen von Urft, Olef, Rur und Schwalm hatten zwar nie die Bildungs- und Beschäftigungsangebote einer Großstadt zur Verfügung, aber dennoch haben sie in ihren Tätigkeiten eine hohe Arbeitsqualität erreicht, obwohl sie sich kaum auf lediglich ein Tätigkeitsfeld beschränken konnten. Zum Beispiel ist der Dorfschreiner auch heute noch sowohl für Möbel- wie auch für Zimmermanns- und Bauschreinertätigkeiten zuständig. Was die hiesigen Handwerker noch zusätzlich auszeichnete, sie arbeiteten immer direkt für den Kunden. Vor großen Festen bereiteten die Leute die Zutaten für den Festfladen selbst zu und brachten sie zum Bäcker. Dann glich die Backstube der Marketenderei eines Heerlagers, überall standen Eimer und Schüsseln mit eingeweckten Pflaumen, kleingeschnittenen Äpfeln und gegartem Milchreis versehen mit dem Namen des Kunden herum, woraus

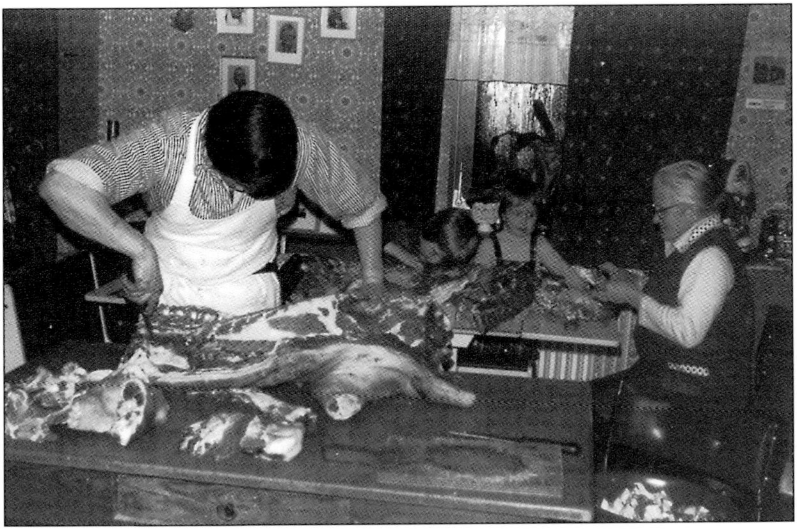

Das gibt es heute nicht mehr: Hausschlachtung in Höfen 1974.
Foto: Hubert Theißen, Monschau-Kal.

Hier wird die eigentliche Delikatesse hergestellt: Hausmacher Wurst
Foto: Hubert Theißen, Monschau-Kal.

der Bäcker dann den Festfladen speziell für jeden Kunden zubereitete und backte. Jeder Kunde wusste bereits im Voraus, wie viel Fladen der Bäcker daraus zu Stande bringen musste. Und war etwas nicht zur Zufriedenheit des Kunden, dann hatte der Bäcker Probleme, vom Kunden das Geld zu bekommen. Unterlief dem Dorfschmied beim Beschlagen eines Pferdes ein grober Fehler, so meldete sich das Opfer sofort mit einem panischen Schmerzschrei. Wenn dem Schmied solche Fehler öfters passierten, war er seine Kunden los und hatte kein Einkommen mehr.
Arbeiteten mehrere Handwerker zusammen oder nacheinander an einem Produkt, dann wurde es problematisch.
Beim Bau eines Hauses war es für die einzelnen Handwerker etwas einfacher, denn hatte der Elektriker seine Leitungen nicht tief genug verlegt, dann schob er die Schuld auf den Maurer, der Putzer auf den Elektriker, der Maler auf den Putzer und so weiter.

Aber ein Fall aus der hiesigen Handwerkergeschichte zeigt uns mögliche Verhängnisse, die aus dem Fehler eines Mitarbeiters folgen können.
Eine Metzgerei im Schleidener Land war zu klein geworden und ein Anbau wurde nötig. Der erfahrene Metzgermeister war sich seiner Verantwortung schon bewusst und brachte einen Vorhang zwischen den Bauarbeitern und seinem Arbeitsbereich an, so dass kein Stäubchen hindurch ziehen sollte.
Obwohl er die Bauarbeiter auf die bestehenden Gefahren hingewiesen hatte, arbeiteten sie mit dem ihnen eigenen Schlendrian. Es war ihnen völlig egal, wohin ihr Abfall fiel; den anfallenden Schutt ließen sie einfach auf dem Boden liegen; und wenn sie in den Metzgerbereich hineingingen, putzen sie ihre Schuhe nicht vorher ab.
Der Metzer sah sich das einige Stunden an, dann verlor er die Nerven und schrie die Bauarbeiter an:
„Wenn Dreck un Kohflatt en Wu-escht kött, dat es ejal, aver dä verdammde Sankt!“ (Wenn Dreck und Kuhfladen in die Wurst geraten, das ist egal, aber der verdammte Sand)

15. Pastorale Worte

Die Leute in den Dörfern der Eifel haben sich bis in unsere Tage hinein zumindest einen Teil ihres ursprünglichen Gefüges bewahrt. Die meisten kennen sich einander, sie helfen sich im täglichen Leben gegenseitig, wo es ihnen möglich ist, jeder hat seinen Ruf in der Dorfgemeinschaft; und sie erkennen immer noch gewisse Autoritäten an.
Allerdings hat diese Anerkennung eine andere Qualität als in früheren Zeiten, in denen Bürgermeister, Dorfpfarrer und Schullehrer von allen Dorfbewohnern als uneingeschränkte Autorität in allen Lebenslagen akzeptiert wurden; und diese Honoratioren ihren Freiraum mit der damals üblichen Brutalität ausnutzten.
Die kommunale Neugliederung ab dem 01.01.1972 sah die Gemeinderäte nur noch in den neu entstandenen Großgemeinden und

Städten vor, seitdem existiert in den Dörfern kein eigener Bürgermeister mehr. Die Bildungsreform der sechziger Jahre des 20. Jahrhunderts zog die Auflösung der ehemaligen Dorfschulen und die Bildung von Gemeinschaftsschulen an zentralen Orten nach sich, und so existiert an vielen Orten entweder überhaupt keine Schule mehr oder nur noch eine kleine Grundschule. Als Folge des Priestermangels in der katholischen Kirche, haben viele Dörfer auch keinen eigenen Pfarrer mehr, sondern ein Pfarrer ist für mehrere Dörfer zuständig.
Diesen Abbau der Organisationen in den Dörfern wurde und wird von vielen Leute bis heute nicht akzeptiert, da die Menschen sich in ihrem Grundbedürfnis nach Heimat und Geborgenheit unter einem Dach bzw. in einer Organisation verletzt fühlen. Sie wollen einen kompetenten Ansprechpartner vor Ort haben, der ihre Sorgen und Bedürfnisse teilt und für sie akzeptable Lebensumstände garantiert. Sie lehnen es ab, mit Entscheidungen aus den fernen Hauptstädten konfrontiert zu werden, die sie mit den Menschen in Ballungsgebieten über einen Kamm scheren.
Darum wissen viele hiesige Zeitgenossen es durchaus zu schätzen, wenn im Dorf noch eine Grundschule überlebt hat, in denen ihre Kinder sich zumindest während der ersten Schuljahre in einem vertrauten Umfeld und wohlbehütet entwickeln können. Weiterhin ist die Pfarrgemeinde noch eine Institution in jedem Ort, die ihr Leben in den gewohnten Formen weiterführen kann, sofern ein Pfarrer am Ort wohnt. Und dieser Pfarrer wird immer noch als geistliche Autorität akzeptiert. Denn stellt man ihm eine Frage , erwartet man eine verbindliche Antwort, die Hilfe und Richtlinie für das eigene Leben sein soll.
So weit, so gut. Problematisch wird der Umgang mit dem Dorfpfarrer, wenn eine Meinungsverschiedenheit oder gar ein Streit mit ihm ausgefochten werden muss. Die meisten Leute scheuen eine solche Konfrontation und lassen lieber fünfe gerade sein.
Eine recht couragierte Geschäftsfrau des Dorfes war allerdings aus festerem Holz geschnitzt und sagte dem Dorfpfarrer gerade heraus ihre Meinung, wenn sie es für nötig hielt.
Dieser Frau gehörte ein Lebensmittelgeschäft in der Nähe der Kir-

Ein großer Kirchhof macht viel Arbeit

che, vor dem ein großer und stets gepflegter Parkplatz angelegt war. Die nahegelegene Kirche war von einem weiten Kirchhof mit einem ansehnlichen Baumbestand umgeben. Fiel im Herbst das Laub der Kirchenbäume zu Boden, bescherten die einsetzenden Winde der Geschäftsfrau immer sehr viel Arbeit, denn sie musste das Laub vom ansonsten blitzblanken Parkplatz wegfegen.
Das ärgerte sie um so mehr, weil auf ihrem Grundstück kein einziger Baum stand, und der höher gelegene Kirchhof ohne jedes Zutun des Pfarrers vom Wind gesäubert wurde. Irgendwann platzte ihr der Kragen, und als der Pfarrer mal wieder zur Hauptgeschäftszeit ihr Ladenlokal betrat, sprach sie ihn vor allen Kunden im Laden auf den Missstand an, sie beklagte sich über die Arbeit, die sie mit den welken Blättern hatte und bat den Herrn Pastor das Laub vom Kirchhof auch bitte selbst aufzukehren und zu beseitigen zu lassen.
Nun hatte der Pfarrer aber ein Problem, denn diese Forderung traf ihn sichtlich unvorbereitet und er konnte vor allen Leuten doch nicht das Gesicht verlieren. Er überlegte kurz und antwortete der erbosten Geschäftsfrau mit dem Bibelzitat.

„Ein jeder kehre vor seiner eigenen Tür!"
Damit hatte er wieder den Überraschungseffekt auf seiner Seite und verlies ohne weiteren Kommentar den Laden. Und die Geschäftsfrau kehrt, wenn auch widerwillig, ihren Parkplatz weiterhin selbst.

16. Gnade und Recht

Im Dezember 1944, der Endphase des zweiten Weltkrieges, hatte die Rundstedtoffensive und der anschließende Gegenangriff der US-Armee die Nordeifel in ein Trümmerfeld verwandelt; nachdem die Bewohner aus der Evakuierung wieder in ihre Häuser zurück gekehrt waren, fanden sie nichts mehr vor, wovon sie hätten leben können. Die meisten Häuser waren in einen Schutthaufen zusammen gefallen, der Hausrat vernichtet oder verschleppt, und das Vieh, seit jeher Garant für das Überleben, war auch verschwunden. Wenn die amerikanischen Besatzer die Menschen nicht mit Nahrungsmitteln versorgt hätten, wären die meisten Leute verhungert. Tauchte in der Folgezeit irgendwo ein Möbelstück oder ein Haustier auf, entbrannte alsbald ein Kampf unter den Notleidenden um den rechtmäßigen Eigentümer dieses Fundes. In unserer heutigen Überflussgesellschaft können wir uns die Härte dieses täglichen Überlebenskampfes der Leute an Rur, Olef, Urft und Kall nicht mehr realistisch vorstellen. Als sich später wieder die ersten Haustiere eingefunden hatten, konnte sie hiesige Landbevölkerung nicht etwa aus dem vollen schöpfen, sondern die Leute mussten jeden Liter Milch, jedes Pfund Schlachtfleisch und jedes Hühnerei, das ihnen laut der Rationierungsbestimmungen nicht zustand, an die Behörden zur Versorgung der notleidenden Stadtbevölkerung abliefern.
Bei der Bemessung von Abgabemenge und Qualität der abzuliefernden Produkte ließ sich zwar einiges rausschlagen, aber dennoch reichte es kaum für einen lebenswerten Alltag. Da Not ja erfinderisch macht, dachten die Bauern sich weitere Möglichkeiten aus, um an das lebensnotwendige Essen zu gelangen. Das Wildern

in den heimischen Wäldern war wegen der Gefahr durch die verlegten Minen zu gefährlich und nur für einige Hartgesottene zugänglich, für den Schmuggel von Waren über die deutsch-belgische Grenze kamen nur junge, kräftige und vor allen ausdauernde Männer und Frauen in Frage. Was sollte der berühmt gewordene Otto Normal Verbraucher also zur Verbesserung seines Loses tun? Als einzigen Ausweg aus der Krise bot sich ihm, sofern er einige Tiere besaß, die Möglichkeit, ein Tier „schwarz" zu schlachten. Das bedeutete, nach der Geburt eines Kalbes wurde das Neugeborene als Totgeburt deklariert, oder vom Wurf einer Sau wurden einige Ferkel abgezogen, nachdem man dem feststellenden Beamten einen Teil der zu erwartenden Beute als Überlebenshilfe ausgehändigt hatte.

Wenn dieses Tier dann sein Schlachtgewicht erreicht hatte, musste ein Metzger her, der Schlachtung und Verarbeitung des Tieres sehr diskret besorgen konnte. Diese Metzger wurden ebenfalls mit den Fleisch- und Wurstwaren bezahlt, so dass auch deren

Ein Dorfpolizist um 1935 in der Eifel

Alltag ein wenig aufgehellt wurde. Diese Schwarzschlächter konnten sich zwar den ein oder anderen Braten nebenbei verdienen, aber sie gingen auch das Risiko ein, nach einem Aufgriff durch die Polizei ins Gefängnis wandern zu müssen. Weiterhin erwuchs manchmal ein gewisser Neid zwischen diesen Metzgern wegen manchen schnellen Bratens, was die Sache noch ein wenig gefährlicher machte. In einem Dorf der Nordeifel wollte der Zufall es so, dass einer dieser Metzger zum Hilfspolizisten ernannt wurde und mit einem weinenden und lachenden Auge von der Seite der Gesetzesbrecher auf die der Gesetzeshüter wechselte. Aber zur damaligen Zeit ließen sich die Grenzen nicht so leicht ziehen wie heute. Der neue Polizist hatte nun zwar Dienstwaffe und Uniform bekommen, aber seine bisherige Kundschaft wurde er so leicht nicht los. Er dachte, mit ein wenig mehr Diskretion ließen sich beide Tätigkeiten vielleicht miteinander vereinbaren. Trotz der nun geübten großen Diskretion wurde dieser arme Mann mit den zwei Seelen in seiner Brust von einem früheren Kollegen bei einer Schwarzschlachtung erwischt. Was nun?

Damals brauchten die Metzger nicht viel Licht
Foto: Hubert Theißen, Monschau-Kal.

Der frühere Kollege war ein weitsichtiger Mann, er brachte den Polizisten nicht etwa zur Strafanzeige, sondern der Polizist war ab jetzt in seiner Schuld.
Einige Zeit später hatte der Polizist auch Gelegenheit sich dafür zu revanchieren, denn sein Metzgerkollege geriet ebenfalls in eine Notlage. Bei einer Schwarzschlachtung band der das Schwein zur Hinrichtung mit dem Hinterlauf an ein Stemmeisen. Als er dem Borstenvieh einen Schlag mit der Axt auf das Haupt versetzt hatte, riss das Tier sich los und lief laut schreiend durch die Nachbarschaft. Wer bisher noch nichts von dieser Schwarzschlachtung bemerkt hatte, der wusste jetzt, was da hinter dem Haus vor sich gehen sollte. Als Bauer und Metzger das Vieh auf der Dorfstraße einfangen wollen, kommt zu allem Übel auch noch der Dorfpolizist vorbei und wird Zeuge des Geschehens.
Doch wider Erwarten, hilft er beim Einfangen des Tieres, treibt es an den Hinrichtungsort und erlegt es mit seiner Dienstpistole. Dann wendet er sich mit ernster Mine dem Metzger zu und ruft: „Nun sind wir beide quitt, aber zum letzten Mal!"

17. Brauchtumspflege ist hart

Ein Stück Heimat findet jeder Eifelbewohner in der Pflege des heimischen Brauchtums, obwohl dessen Wurzeln nicht jedem bekannt sind. Aber weil alle angestammten Feste sich in die Pflege der Tradition eingefügt haben und im Laufe der Jahrzehnte für die Menschen zum rechten Maß für Dauer und Anzahl der Feste im Jahreskreis geworden sind, akzeptiert und feiert die gesamte Bevölkerung sie.
Einen großen Rahmen im Gesamtbild der traditionellen Feste, die vom ganzen Dorf zusammen gefeiert werden, nehmen die direkten kirchlichen Feste ein. Das sind: die Feier der Erstkommunion, die Fronleichnamsprozession, das Pfarrfest sowie die Feier der Kirchweihe, die Kleinkirmes und das Namensfest des Pfarrpatrons, die Großkirmes. Das größte und schönste dieser Feste ist immer noch die Großkirmes, die vier Tage andauert. Im Laufe der Jahr-

Ein großer Hahnenkönig. Alois Mathar, Monschau-Kal. 1974

zehnte und Jahrhunderte hat das Programm der Großkirmes viele einzelne Veranstaltungen erhalten, deren Herkunft nicht eindeutig geklärt sind. Die Tanzveranstaltungen sind seit Menschengedenken ein Ausdruck der Lebensfreude gewesen, das dazu gehörige Biertrinken dient der Pflege von Gesundheit, der guten Laune und meist auch der Erhaltung zwischenmenschlicher Beziehungen, die Ermittlung der Schützenmajestäten durch den örtlichen Schützenverein hat wahrscheinlich seine Wurzeln in den Aktivitäten der Bürgerwehren des Mittelalters.
Die Traditionspflege hat uns in der Eifel ein besonderes Fest beschert, das „Hähneköppen“.
Die Wurzeln dieses Brauches sind nicht eindeutig geklärt, es existieren zwei Versionen. Die erste vermutet die Wurzeln des Festes schon bei den Germanen; die, ähnlich wie die Spanier heute noch, den Kampf um die Herrschaft der Lebewesen untereinander durch das Köpfen eines Hahnes geführt hätten. Die zweite Version scheint mir die plausiblere zu sein; wonach die Rheinländer zur

Zeit der französischen Besatzung ihren Unmut gegen die Fremdherrschaft durch das Köpfen des französischen Staatssymbols, des gallischen Hahnes, zum Ausdruck brachten.
In einem der Tanzsäle oder an einem zentralen Ort im Freien hat man einen toten Hahn oder heutzutage eine täuschend echte Imitation in einem Bienenkorb verstaut, so dass am unteren Ende nur noch der Hals des Tieres herausschaut. Sein Hals ist mit Draht und sonstigen Verstärkungsmitteln vor den ersten Verletzungen geschützt. Interessierte Männer des Dorfes, die gerne Hahnenkönig werden möchten, können sich melden. Nachdem man ihnen die Augen verbunden und einige Körperdrehungen beigebracht hat, bindet man ihnen einen Säbel an der Hand fest, mit dem sie dann dem Federvieh den Kopf abschlagen sollen. Wenn die Männer gut getroffen haben, gelingt es nach zirka zwei Stunden einem der Bewerber, den Kopf des Hahnes vom Rumpf zu trennen; und er wird unter dem lauten Jubel der zahlreich anwesenden Mitbürger zum neuen Hahnenkönig proklamiert.
Ein Festzug geleitet ihn später zu seinem Haus, das vorher von der Nachbarschaft reichlich geschmückt worden ist, und er revanchiert sich durch die reichliche Spende fester und flüssiger Nahrung an seine gesamte Begleitung. Später besucht er mit einem großen Gefolge seinen Königsball und nimmt einen Ehrenplatz im Kirmesfestzug ein. Zur Bestreitung der damit verbundenen Kosten erhält er einen Zuschuss vom veranstaltenden Verein sowie reichlich Geldgeschenke von Freunden, Bekannten und Nachbarn.
Doch kurz nach dem Krieg, gab es diese Finanzhilfen noch nicht im heutigen Maß, und dieses Brauchtumsfest wäre wegen mangelnder Beteiligung fast ausgestorben.
Schauen wir nun einmal zurück auf ein Hahneköppen in den größtenteils noch von materieller Not gekennzeichneten fünfziger Jahre des 20. Jahrhunderts.
Der Hahnenkönig des vergangenen Jahres war in einem Festzug zum vollbesetzten Saal geleitet worden und das Hahneköppen war, mit der Aufforderung an die jungen Männer des Dorfes, sich zahlreich um die neue Königswürde zu bewerben, ausgerufen worden. Doch wegen der herrschenden wirtschaftlichen Schwierigkeiten

meldete sich niemand. Als sich nach einer halben Stunde noch kein Bewerber gemeldet hatte, machten die Herren des Vereinsvorstandes sich große Sorgen. Meldete sich kein Bewerber, wäre die diesjährige und alle folgenden Kirmesfeste um einen großen Teil ärmer.

Da wussten einige wohlbetuchte Herren aus dem Vorstand im gesetzten Alter einen Rat, sie gingen durch den Saal und luden die jungen Burschen ein, mit ihnen ein Bier an der Theke zu trinken. Bei diesem Umtrunk sprachen sie den Jungen mit Wort und Bier recht gut zu, sich doch um die Königswürde zu bewerben. Dann drückten sie jedem Jüngling einen Geldschein in die Hand und schickten die nicht mehr ganz standfesten Jungmänner auf die Bühne, wo sie sich als Bewerber melden sollten. Da man auf diese Art und Weise sechs Interessenten rekrutieren konnte, schien die Situation gerettet.

Unter dem lauten Jubel der vielen Zuschauer konnte die erste Runde beginnen. Den Männern wurden nacheinander die Augen verbunden, die heute übliche Drehungen zur Erschwerung der Aufgabe brauchte man ihnen schon nicht mehr zu geben, sie hatten auch mit offenen Augen schon unter erheblichen Orientierungsschwierigkeiten zu leiden. Zur Erschwerung der Aufgabe sah die Tradition weiterhin vor, nach jedem Schlag ein Schnaps zu trinken.

Die ersten Runden verliefen noch einigermaßen geordnet, aber dann führten die Standschwierigkeiten der Akteure zu ernsthaften Problemen für den Veranstalter. Einige fanden mit verbundenen Augen noch nicht einmal mehr den Korb und schlugen gegen die Wand, die sie fälschlicherweise für den Hahnenkorb hielten, andere mussten schon auf dem Weg zum Hahnenkorb gestützt werden. Die Zuschauer wurden ungeduldig, und im Saal machten laute Unmutsäußerungen die Runde. Man wollte endlich einen neuen Hahnenkönig sehen. Dazu musste es aber einem der Schläger gelingen, den Kopf des Hahnes zumindest ein Stück weit vom Rumpf zu trennen.

Als auf einmal einer der stark angetrunkenen Männer den Hahn wieder nicht getroffen hatte, beschimpften die Leute den jungen Mann mit den üblichen Kraftausdrücken. Nachdem der Junge die

Binde von seinen Augen genommen hatte und das verärgerte Publikum sah, wurde er wütend und biss in den Kopf des Hahnes hinein. Das war der berühmte Rest den das Objekt noch gebraucht hatte; der Hahnenkopf fiel zu Boden. Obwohl dieses Verhalten ein klarer Regelverstoß war, wurde der Mutige von der Menge lautstark als neuer Hahnenkönig gefeiert und blieb es bis zum nächsten Jahr.

18. Effektiv muss es sein

Wie bereits mehrmals beschrieben, sind die Eifeler in ihrer Mehrheit katholisch geblieben, unter anderem darum, weil sie von der Reformationsbewegung nicht völlig getroffen und nach überstanden Kämpfen gegen die Kirche durch Napoleon, Preußen und die Nazis in ihrer Einstellung bekräftigt wurden. Und die katholische Kirche praktiziert im Gegensatz zur evangelischen Kirche alle ihre Aktivitäten in sehr feierlichen Formen, die sich im Laufe ihrer zweitausendjährigen Geschichte gebildet haben. Jede auch noch so kleine Andacht in den reichlich geschmückten Kirchen und Kapellen ist begleitet von Gesang und Orgelmusik, brennende Kerzen und Weihrauch gehören ebenfalls zur Zelebrierung der Feste. Wahrscheinlich haben fromme Leute im Laufe der Jahrhunderte immer noch ein wenig frommer sein wollen als ihre Vorfahren und die Feiern weiter ausgedehnt und ausgemalt.
Die Menschen wurden durch diese Traditionspflege in ihrem Denken beeinflusst ebenso wie durch die ständigen Hirtenworte des Pfarrers.
Wenn der Pastor etwas für gut befand, dann war das auch gut, und was man sein Leben lang so gemacht hatte, das war für die Kinder und Enkelkinder ebenfalls richtig, so dachte man.
Wenn man genauer hin sah, war die Feierlichkeit in der Kirche und das tägliche Leben der Menschen allerdings zweierlei Dinge.
Sprach man über kirchliche Angelegenheiten, wählte man wohlklingende Worte, über die Dinge des Alltags sprach man so, wie einem der berühmte Schnabel gewachsen war.

Hier ist die Madonna zu finden: Kreuz im Venn in der Nähe von Monschau-Mützenich

Darum klang es recht eigenartig, als ein Mann von einer Buswallfahrt nach Kevelaer zurück gekehrt war und berichtete, abends an der Gnadenkapelle habe er den Eindruck gehabt, der Teufel sei los gewesen.
Für diesen unpassenden Ausdruck wurde der Mann hauptsächlich von der Frauenwelt in Familie und Nachbarschaft heftig kritisiert, so durfte man im Zusammenhang mit einem Wallfahrtsort nicht sprechen. Darum hatte er das Interesse an weiteren Fahrten nach Kevelaer verloren. Die Busfahrt und der Aufenthalt waren recht teuer gewesen, und dann noch dieses Geschrei der Frauen anhören müssen, das wollte er nicht mehr.
Er war trotzdem recht stolz darauf, in seinem ganzen Leben nur einmal zu spät zur Sonntagsmesse gekommen zu sein. An diesem Tag war er so weit verspätet, die Leute aus der Messe begegneten ihm bereits kurz vor seiner Haustür.
Obwohl er des Öfteren auf seinen Kraftausdruck über seine Kevelaerwallfahrt angesprochen wurde und darum die Lust am wallfahren noch mehr verloren hatte, besuchte er hin und wieder die nahe gelegene Madonnengrotte am Kreuz im Venn.
Eines Tages wollte eine Frau aus seiner Nachbarschaft ihn durch gutes Zureden wieder in die Gemeinschaft der Buswallfahrer nach Kevelaer zurück führen und bat ihn, doch in diesem Jahr seine Anliegen an Gott wieder vor dem Gnadenbild der Heiligen Maria in Kevelaer auszusprechen.
Doch auf Grund seiner praktischen Erfahrung gab er ihr zur Antwort:
„Wenn där Mottes Joddes arr Richelsley ens richtich anne Sack jejange wied, dat deht et ooch.“ (Wenn die Mutter Gottes an der Richelsley mal heftig bedrängt wird, das reicht auch.)

19. Soforthilfe

Das Leben in unserer Gegend ist nicht nur wegen der herrlichen Mittelgebirgslandschaft so lebenswert, einen Großteil der Geborgenheit erfährt jeder Mitbürger durch seine Familie, die Nachbarschaft und nicht zuletzt durch seine Beteiligung an den Aktivitäten der Dorfvereine.
In fast jedem Dorf haben sich schon seit Ende des neunzehnten Jahrhunderts mehrere Vereine gebildet, die in der Freizeit durch Sport, Musik und sonstige musische Aktivitäten für einen nötigen Kontrast zur Arbeitswelt sorgen. In den Notjahren nach dem Krieg konnten die Vereine zunächst keine Aktivitäten entwickeln, weil den früheren Mitgliedern das Geld fehlte, jeder verdiente Pfennig wurde für die Beschaffung von Kleidung und Essen dringend benötigt. Aber einigen Organisationstalenten war es schon in den vierziger Jahren trotzdem gelungen, die nötigsten Geräte und Genehmigungen zu beschaffen und so eine Wiedergründung der Vereine zu ermöglichen; der Anfang war also gemacht, aber um ein wirkliches Vereinsleben entstehen zu lassen, mussten noch viele Steine aus dem Weg geräumt werden.
So war es auch in unserer Heimat einigen ehemaligen Schützenbrüdern gelungen, bei der Regierung eine Genehmigung zur Wiedergründung ihrer auf Bewahrung des katholischen Glaubens, der Sitte und Heimat ausgerichteten Bruderschaft zu erwirken und zwei Luftgewehre zu beschaffen. Die nächsten Probleme tauchten aber bereits auf, als die nötige Munition gekauft werden musste. Mit einigen Pfund Kaffe aus Belgien, ließ sich in Aachen einiges bewirken, und die ersten Schießübungen konnten stattfinden.
Als der Verein am ersten Festzug zur Eröffnung der Kirmes teilnehmen sollte, tauchte eine viel größere Schwierigkeit auf, denn einige wenige Männer hatten ihre grüne Uniform nach der Rückkehr aus Krieg, Gefangenschaft und Evakuierung wieder gefunden, andere besaßen noch nicht einmal einen Anzug. Auf einer Krisensitzung wurde man sich einig: So konnte man nicht im Festzug

Hier wird der Schützenkönig ermittelt: Bütgenbach-Leykaul 1935.

erscheinen. Aber wo lag die Alternative? Der Ausweg sah so aus, die uniformierten Männer sollten in den vorderen Reihen gehen und die beiden Luftgewehre tragen, alle anderen mussten sich ein weißes Hemd besorgen oder ausleihen, eine dunkle Hose anziehen und die weiteren Reihen im Festzug füllen. Auf diese Weise wurde die Kirmeseröffnung gemeistert, und alles schien in bester Ordnung zu sein. Jedoch am Nachmittag musste der neue Schützenkönig ermittelt werden, der erste nach dem Kriege.
Hart, wie das Schicksal nun einmal sein kann, schlug es an diesem schönen Sommertag zu, denn der zu erlegende Holzvogel stürzte, vom Winde verweht, zu Boden, als ein junger Mann ihm einen Streifschuss versetzt hatte. Nun bejubelten die Schützen und das ganze Dorf zwar den König, aber der arme König konnte weder Königin noch Uniform vorweisen. Damals war die „Beschaffung" einer Königin kein Problem. Die älteren Herren aus dem Verein hatten genügend Töchter, Nichten und Nachbarinnen im passenden Alter, die sich sehr gerne auf den gemachten Thron gesetzt hätten, aber daran war noch nicht zu denken, denn wie sollte man den jungen Mann am nächsten Tag im Dorf als König präsentieren, wenn

er noch nicht einmal einen Anzug besaß? Noch am Schießstand wurden einige Lösungsvorschläge präsentiert, er solle sich eine Uniform von einem Kameraden ausleihen, doch das ging nicht denn der junge König war wesentlich schlanker und größer als die Uniformträger. Andere wollten einen alten Anzug grün färben oder nach einem passenden grünen Anzug Ausschau halten. Alle noch so gut gemeinten Ratschläge brachten den König nicht aus der Klemme.
Das Problem machte im Dorf die Runde, und am frühen Abend erfuhr einer der vielen Zöllner im Dorf von dem Problem. Obwohl die Zöllner bereits seit biblischer Zeit und spätestens nach der Schmuggelszeit hier im Grenzland als die Bösen galten, hatte dieser Mann ein gutes Herz und den wahrscheinlich besten Einfall in der Geschichte des Schützenvereins.

Er ging zu einer alten Näherin aus der Nachbarschaft, zeigte ihr seine alte Zolluniform und fragte sie, ob sie dem König daraus sein Festgewand schneidern könne. Die Nachbarin musterte den Anzug kurz und meinte, das ließe sich machen; sie war sogar bereit, sofort mit der Arbeit anzufangen. Der König wurde benachrichtigt und zum Aufmaß gebeten. Die Jackenärmel und Hosenbeine mussten zwar ein wenig verlängert, Hosenbund und Jacke einige Zentimeter verengt werden, aber das war kein großes Problem. Die alte Dame arbeitete bis tief in die Nacht, nach der Änderung von Jacke und Hose entfernte sie die Uniformeffekten wie Kragenspiegel und Brusttaschen. An den Stellen, die die Änderung der Uniform hätten verraten können, fügte sie einige grüne Aufnäher hinzu, so dass die Uniform trotz der Farbabweichung den grünen Uniformen der anderen Schützen sehr ähnelte. Am frühen Morgen durfte der junge König die Uniform zum ersten Mal anziehen und sah im wahrsten Sinne wie ein frischgebackener und würdiger Schützenregent aus. Obwohl die Herren des Vorstandes mittlerweile nach und nach zehn bereitwillige Mädchen für das Amt der Königin präsentiert hatten, erwählte der Monarch nicht nur aus Dankbarkeit die Tochter des Zöllners zu seiner Königin.

20. Not macht alles anders

Wenn heute von der guten alten Zeit gesprochen wird, und manche Zeitgenossen sie immer als goldig loben und für besser halten als unsere heutigen Verhältnisse, dann werden die Verhältnisse leider ein wenig auf den Kopf gestellt.
Wenn wir von alten Zeiten sprechen, dann sollten wir uns klar machen, dass es den Menschen in unsrer Region bis in die sechziger Jahre des 20. Jahrhunderts hinein wirtschaftlich nicht sehr gut ergangen ist. Nur wenige hatten einen festen Arbeitsplatz und regelmäßiges Einkommen, das einen halbwegs erträglichen Lebensstandard ermöglichte. Die Bauern lebten von der kargen Land- und Milchviehwirtschaft, als später die Molkereigenossenschaften gegründet wurden, kamen sie durch den Verkauf der Milch zu einem geringen Einkommen, dass sie aber für Kleidung und sonstige Lebenshaltung wieder ausgeben mussten. Häufig wurde für einige Väter die Beköstigung der eigenen Familie zu einem Problem. In den Höhenzügen unserer Heimat traf der Spottvers: „Dort sind die Frauen fruchtbarer als das Land.“ leider in härtester Form zu, trotz der Armut waren zehn und mehr Kinder in einer Familie keine Seltenheit.
Da in unserer Gegend kein Weizen gedeiht, musste selbst der ärmste Bauer sein Brot beim Bäcker kaufen, der das nötige Mehl heranschaffte. Wenn die hiesigen Bauersleute dieses Geld nicht aufbringen konnten, wurde ihnen das Brot zwar geliefert und in einem Buch aufgeschrieben, aber irgendwann wollte der Bäcker seinen Gegenwert erhalten, das konnte durch die Überschreibung eines Landstückes geschehen oder, was noch viel schlimmer war, die Kinder der Schuldnerfamilie mussten sich nach der Entlassung aus der Schule bei dem Bäcker als Magd oder Knecht so lange verdingen, bis nach dem Eindruck des Bäckers die Schuld getilgt war. Diese Kinder waren gezwungen sich mit ihrem Schicksal zu arrangieren, oder sie ersannen Möglichkeiten, aus diesem Zwangsleben auszubrechen. Oft haben Knecht und Magd ein Kind gezeugt, da-

Die typische Eifeler Großfamilie des 19. Jahrhunderts. Küchelscheid 1895

mit sie heiraten mussten oder in diesem Falle heiraten durften und so dem Sklavendienst entfliehen konnten.
In anderen Familien war die Not derart groß, die Kinder mussten bereits im Schulalter eine Beschäftigung als Kuhhirten im eigenen Dorf oder weit entfernten Nachbardörfern annehmen, um zumindest beköstigt zu werden. Auf Heimweh oder sonstige Nebensächlichkeiten nahmen weder Eltern noch die aufnehmenden Bauern Rücksicht. Ein Bekannter, der dieses Schicksal eines Kuhhirten in einem Nachbardorf über Jahre hinweg erdulden musste, wusste zu berichten, wenn ihn in der ersten Zeit das Heimweh zu sehr getroffen hatte, war er mit der Kuhherde auf eine Anhöhe gezogen, von dort habe er die Kirchtürme in seinem Heimatdorf sehen können, dann wäre sein Heimweh etwas erträglicher geworden. Regelmäßiger Schulbesuch sei in diesen Jahren ebenfalls nicht denkbar gewesen, weil er von morgens früh bis abends spät im landwirtschaftlichen Betrieb arbeiten musste.
Ein anderes Beispiel spricht diese Notlage noch drastischer aus. Eine alte Frau erzählte in ihren letzten Jahren über ihren Lebensweg. Sie schilderte ihre harte Kindheit und Jugendzeit, dann er-

zählte sie, sie habe als Magd ihren Mann, einen Knecht, beim Kühe hüten kennen gelernt und es trotzdem mit ihm zu einem gewissen Wohlstand gebracht. Sie hatte auch zwölf Kindern das Leben geschenkt, und sie fuhr fort:
„Avver ich hatt Jlöck, et sent der vönef gestoreve.“ (Aber ich hatte Glück, fünf Kinder sind verstorben.)

21. Tausend Mann und kein Befehl

Man kann sich vorstellen, dass diese Not die Menschen am Hohen Venn und geprägt und ihnen eine eigenwillige Mentalität vermittelt hat, dadurch sind sie Leuten aus günstiger gelegenen Landstrichen nicht so leicht zugänglich. Die Menschen aus der klimatisch rauen Nordeifel unterscheiden sich größtenteils in ihrer Denkweise auch heute noch von den Leuten in der klimatisch günstigeren Aachener Gegend. Die Eifeler sind meist in das eigene Haus hinein geboren und wachsen mit der Verantwortung für dieses Eigentum auf. Sie kennen nicht die Möglichkeit, bei kleinen Wohnungsmängeln oder Störungen den Haubesitzer auf die Reparatur hinzuweisen, sie lernen die Beseitigung ihrer Schwierigkeiten als eigene Aufgabe kennen. Unter anderem dadurch wächst in der Landbevölkerung auch der Sinn für das Wesentliche, sie schenken den Äußerlichkeiten weniger Beachtung. Während der Eifeler auf die Bezahlbarkeit seiner Garderobe achtet, legt der Aachener größten Wert auf sein gutes Aussehen und nimmt dafür Defizite in der Haushaltskasse hin. Ähnlich unterschiedliche Wertmaßstäbe sind bei Autokauf und Urlaubsbuchungen zu beobachten. Von den üblichen Frotzeleien abgesehen, leben beide Regionen recht gut miteinander, denn jeder weiß die Vorteile jenseits der „Himmelsleiter“ bei Roetgen zu schätzen. Problematisch wird es nur, wenn beide Seiten plötzlich aufeinandertreffen und gemeinsam eine Aufgabe zu lösen haben.
In der Nähe von Fringshaus, zwischen Roetgen, Lammersdorf und Konzen war ein großer Waldbrand ausgebrochen, so dass die Feuerwehren aus dem Monschauer Land und dem Aachener Land alar-

Auch sie hatten Kompetenzschwierigkeiten

Foto: Freiwillige Feuerwehr Kalterherberg

miert werden mussten. Die Wehren waren recht schnell zur Stelle, die Wehrführer und Mannschaften nahmen die übliche Aufstellung ein. Die Männer der großen Aachener Wehren präsentierten sich in großer Anzahl, mit einer großen Führungsmannschaft sowie bester Ausrüstung und neuer Bekleidung. Dagegen schienen die Monschauer etwas rückständig zu sein. Als die Zuständigkeit für die Einsatzleitung der Wehren festgelegt werden sollte, tauchten unter den Aachener Wehrführern die Fragen auf:
„Wer ist für welchen Einsatzbereich zuständig?"
„Wer ist oberster Einsatzleiter?"
Denn die Dienstgradabzeichen der Ober- und Hauptbrandmeister sowie der Brandinspektoren waren derart vielfältig und bunt vertreten, dass keine Hierarchie erkennbar wurde. Alle Mann standen zwar „Schlauch bei Fuß", doch schien der Einsatz am Kompetenzwirrwarr zu scheitern.
Als der Alarm im Monschauer Land ausgelöst worden war, hatte es einen ehemaligen Brandmeister völlig unvorbereitet an der Theke

seines Stammlokals erwischt. Der nicht mehr ganz nüchterne Feuerwehrkamerad kam trotzdem seiner Pflicht nach und ging zum Feuerwehrhaus. Zusammen mit einigen Kameraden fuhr er im Einsatzfahrzeug zum Brandherd. Auf der Fahrt dorthin gab er noch die Witze wieder, die er vor fünf Minuten an der Theke gehört hatte, auf diese Weise bereitete die Mannschaft sich positiv denkend auf den Einsatz vor.
Dieser Wagen traf als letzter am Einsatzort ein, wo die Herren Brandinspektoren noch immer um die Kompetenzen stritten. Vom reichlichen Alkoholgenuss stark ermutigt, riss der alte Brandmeister die Autotür auf, schrie in die Menge:
„Alles hört auf mein Kommando!"
Die bis dahin gelangweilten Feuerwehrmänner erschraken und spurten sofort auf diesen eindeutigen Befehl, als der alte Brandmeister sie in die verschiedenen Richtungen beorderte.

22. Sprachliche Feinheiten

In den hiesigen Volksschulen tauchte früher für viele Kinder im ersten Schuljahr ein großes Problem auf. Obwohl der Lehrplan dies nicht vorsah, mussten sie bereits ab dem ersten Schultag eine Fremdsprache erlernen, das Hochdeutsche. Gewiss hörten die Kinder damals aus dem Radio genügend hochdeutsches Sprachgut, aber die Umgangssprache zu Hause war das altvertraute Plattdeutsch. Man sprach eben, wie einem der Schnabel gewachsen war. Die meisten Kinder kannten zwar den Unterschied zwischen Wörtern, die eindeutig nur im Plattdeutschen gesprochen werden und den ausschließlich im Hochdeutschen benutzten.
Problematisch wurde es aber schon, wenn der richtige Artikel gefragt war, dessen Gebrauch im Plattdeutschen häufig von der hochdeutschen Fassung abweicht. Hier zu Lande sagt man im Dialekt zwar der Radio, aber jedes Kind hatte die hochdeutsche Form „das Radio" schon oft gehört, da unterlief ihm so schnell kein Fehler. Wenn es aber um die Beschreibung der unmittelbaren Umwelt ging, waren diese Unterschiede dem Kind noch nicht klar gewor-

Das typische Familiäre Umfeld unserer Großeltern

den. Einer der plattesten Begriffe, die alltäglich gebraucht wurden, war das Wort „Jauche“, ich habe dieses Wort sehr lange für das tiefste Platt gehalten, obwohl es im Hochdeutschen auch verwendet wird. Hingegen das schöne und oft gehörte Wort Kappes gehörte für mich selbstverständlich zum edelsten Hochdeutsch, der Kohl kam erst viel später.
Weiterhin heißt es im Dialekt: dat Schaaf (das Schrank) und im Hochdeutschen der Schrank oder dr Äerpel (der Kartoffel) im Gegensatz zu die Kartoffel. Diese Unterschiede mussten sehr lange und immer wieder fast Drill mäßig eingeübt werden.
Der Deutschunterricht in der ersten Klasse einer hiesigen Volksschule zur Zeit der frühen sechziger Jahre des zwanzigsten Jahrhunderts musste deshalb sehr behutsam begonnen werden. Da die Lehrerin ebenfalls einheimischer Abstammung war, kannte sie die Probleme der Erstklässler aus eigener Erfahrung.
Sie begann auch recht behutsam, erklärte den Kindern die Buchstaben des Alfabeths beginnend mit dem A, dann das B usw. Als

nächste Aufgabe hatte sie für ihre Kleinen die Bildung von Wörtern mit den entsprechenden Anfangsbuchstaben vorgesehen, die Wörter schrieb sie an die Tafel, die Schützlinge mussten sie anschließend abschreiben und sich auf diese Weise langsam mit der Sache vertraut machen.
Als erstes stand der Buchstabe A auf dem Programm, bei den von den Kindern genannten Worte mit dem Anfangsbuchstaben A handelte es sich selbstverständlich um Begriffe aus ihrem unmittelbaren heimischen Umfeld, also auch der Landwirtschaft. Dementsprechend nannten die Erstklässler die Wörter: Apfel, Abend, „Anstand" Abfahren. Die Worte wurden an die Tafel geschrieben und jedes Kind war stolz, wenn seine Nennung an der Tafel erschien. Bei den Worten zum Buchstaben B wurde die Sache schon etwas problematischer denn die ersten Plattwörter schlichen sich ein. Da wurde neben Bach, Bruder und Ballen auch das Wort „Böisch" (Wald) genannt. Die Lehrerin klärte die Schüler auf, das Wort Böisch sei ein plattdeutsches, nachdem das richtige Wort Wald genannt wurde, setzte sie die Befragung fort. Der Buchstabe C war nicht sehr ergiebig, außer den Worten Christus und Charly fielen den Kindern keine weiteren ein. Auch bei den Buchstaben D und E gerieten immer einige Worte aus dem Plattdeutschen mit in die Diskussion. Immer behielt die Lehrerin die Nerven und suchte mit den Kindern zusammen das entsprechende hochdeutsche Wort. Beim Buchstaben F angekommen, rief ein Kind „Flatte" (Kuhfladen.) Die Lehrerin war jetzt schon sehr erschöpft, konnte keine weitere Erklärung zu der Zugehörigkeit dieses Wortes mehr geben und meinte nur noch: „Das Wort schreiben wir aber nicht auf."

23. Wer gibt, was er hat …

Vor Einführung der Schulpflicht, in Preußen seit 1717, nach der Reichsgründung 1871 im gesamten Deutschen Kaiserreich wird sich bei uns auf dem Gebiet der Volksbildung nicht all zu viel bewegt haben. Nach dem Wiener Kongress, als die deutschsprachigen Rheinlande dem Preußischen Staat einverleibt wurden, wird sich in unserer Gegend der Vollzug der Schulpflicht durch die Erteilung eines geregelten ganzjährigen Unterrichtes für alle Kinder allmählich durchgesetzt haben. Aus der heute gewonnenen Distanz zu den damaligen Verhältnissen werden wir den Erlass dieses staatlichen Gesetzes in Preußen nicht hoch genug loben können, jedoch sollten wir auch einen Blick auf die Basis werfen, die dieses Gesetz auszuführen und zu finanzieren hatten. Die Gemeinden wurden verpflichtet, auf ihre Kosten das Schulgebäude bereitzustellen und zu unterhalten, sowie alle Kosten im Zusammenhang mit dem Schulbetrieb zu tragen. Die Familien hatten ihre Kinder zum Schulbesuch anzuhalten und die Kosten für Schreibzeug und Bücher zu tragen. Das fiel ihnen um so schwerer, weil die Kinder bis dahin vielfach durch eigene Erwerbstätigkeiten zum Unterhalt beigetragen hatten. In den Geschichtsbüchern unserer Heimat können wir genügend Informationen über die Schwierigkeiten der kleinen Landgemeinden bei der Umsetzung dieses preußischen Gesetzes finden, über die Schwierigkeiten der Familien erfahren wir leider zu wenig. Die folgende Geschichte hat sich nach dem zweiten Weltkrieg ereignet, als die finanziellen Verhältnisse ebenfalls recht bescheiden waren, und jeder Pfennig zweimal herum gedreht wurde, ehe man ihn ausgab. Die Schulbücher wechselten damals nicht so häufig wie heute, darum konnten die Bücher von Kindern aus der Verwandtschaft oder Nachbarschaft immer weiter verwendet werden, so dass ein Buch jedes Jahr von einem anderen Kind im entsprechenden Schuljahr benutzt wurde. Die Schiefertafel und der Schreibgriffel hatten ebenfalls eine lange Standzeit. In den größten Notjahren waren die Kinder darauf angewiesen, die unbedruckten Ränder der Zeitungen abzuschneiden und für die Niederschrift ihrer Hausaufgaben zu verwenden. Darum waren lange Strafarbeiten, wie sie in den Folgejahren wieder häufiger verhängt wurden, zur großen Freude der Schulkinder fürs Erste ausgesetzt. Das Jahr 1948 brachte die neue Währung und stabilere wirtschaftliche Verhältnisse. Weil es seit dieser Zeit wieder alle benötigten Lernmittel gab, wurden sie auch von den Lehrern verlangt. Hefte und Schreibzeug kosteten aber im Verhältnis zu heute viel Geld, und die Familien mit dem Einkommen eines einfachen Fabrikarbeiters oder ei-

Auch hier war kein Reichtum zu erwarten. Typisches Venn-Haus um 1900

nes kleinen Landwirtes gerieten in ernsthafte finanzielle Bedrängnis, wenn sie vier oder mehr Kinder mit den nötigsten Lernmitteln versorgen musste. Zu der Zeit, als das Durchschnittseinkommen bei 250 DM lag, kostete ein PELIKAN-Schulfüller 25,- DM, war ein Junge aus einem kinderreichen Haus im dritten Schuljahr in arge Bedrängnis geraten. Der Lehrer verlangte die Anschaffung eines Füllers, das gab der Finanzhaushalt nicht her. Und zu allem Übel stand der Junge am nächsten Tag als einziger in der Klasse ohne Füller da. Darum bekam er vom Lehrer einen Federhalter und in das Tintenfass an der Schulbank erhielt er eine kleine Tintenmenge. Während seine Mitschüler recht flüssig schreiben konnten, musste er sich mit diesem alten Gerät herumärgern und sehr umständlich ständig in die Tinte eintunken. Dabei ließ die Schreibfeder des Öfteren einen Tintentropfen fallen, darum sah sein Heft aus, wie ein Tintenteppich, und er wurde vom Lehrer gerügt, anschließend von seinen Freunden geärgert. Als nach einer Woche das erste Diktat geschrieben werden sollte, sah er ein unlösbares Problem auf sich zukommen und wollte darum nicht mehr zur

Schule gehen. Aber all sein Klagen zu Hause half nicht, einen Füller gab es nicht, und morgen musste er auch wieder zur Schule gehen. In dieser Notsituation zeigte sich einmal mehr der Vorteil einer Eifeler Großfamilie, denn im Haus der Familie lebte neben Eltern und sechs Kindern noch die Großmutter und deren Schwester. Die Großmutter hatte ein Einsehen in die Nöte des Jungen. Als der am nächsten Morgen mit verweintem Gesicht in die Küche kam, fand er auf dem Küchentisch den lange benötigten Füller. Großmutter hatte von ihrer gestern erhaltenen Monatsrente in Höhe von einhundert Mark ihrem Enkel den Füller für 25,- DM gekauft.

24. Andere Gebräuche

Weil unser Eifelland lange als Deutsches Sibirien galt, und das Klima recht ungastlich war, hat es wenig Fremde in unsere Gegend verschlagen. Die Bevölkerung in unseren Dörfern ist bis in die Wirtschaftswunderzeit, als die Massenmobilisierung begann, größtenteils unter sich geblieben. Die Namen der alt eingesessenen Familien stellen heute noch die Mehrheit in vielen Dörfern dar, so dass man häufig allein vom Nachnamen eines Menschen auf dessen Wohnort schließen kann.
Die hier gewachsenen Sitten und Gebräuche mögen sich nicht groß von denen anderer Gegenden in Deutschland unterscheiden, aber es hat sich schon eine eigene Eifeler Mentalität gebildet, die gewisse Bräuche gepflegt und bestimmte Werte respektiert hat.
Ein bis heute gepflegter Brauch in unserer Region ist das Hahneköppen zur Dorfkirmes. Wahrscheinlich ist der Brauch bereits gegen Ende des achtzehnten Jahrhunderts entstanden, als das Rheinland von französischen Truppen besetzt war und ausgebeutet wurde. Der gallische Hahn, das französische Staatssymbol, wurde geköpft, als Ausdruck des zunächst passiven und späteren aktiven Widerstandes gegen die Besatzungsmacht, der in den späteren Befreiungskriegen auch sein Ziel erreichte.
Ein anderer Wert, der in unserer Gegend sehr gepflegt wurde und wird, ist die Nachbarschaftshilfe. Noch bevor das Wort Sozial-

system erdacht war, haben die Nachbarn sich gegenseitig geholfen und auf diese Weise das Leben besser gemeistert.
Was vor der Einführung unseres heutigen Gesundheitssystems unbedingt geschützt werden musste, war neben Leib und Leben die Gesundheit der Menschen. Denn wer krank wurde, konnte nicht arbeiten und hatte somit kein Einkommen. Eine Krankheit konnte sich verschlimmern und gar zum Tode führen. Wenn der Ernährer einer Familie früh starb, waren seine Nachkommen dem Verderb preisgegeben.
Ebenfalls die Gesundheit der Mutter war für die ganze Familie lebenswichtig.
Nun hatten schon die Kämpfe während und nach der Rundstedtoffensive im Dezember 1944 unsere Heimat größtenteils verwüstet, und im Krieg hatte ein Menschenleben nichts gegolten, aber als die Waffen schwiegen, waren die Überlebenden doch sofort wieder darauf bedacht, die Gesundheit der Menschen zu schützen.

Durch die Vertreibung der Landsleute aus den Ostgebieten des ehemaligen Deutschen Reiches hatte ein Flüchtlingsstrom eingesetzt, der bis in unsere Gegend anhielt. Mir ist kein Eifeldorf bekannt, dessen Bevölkerung diese Heimatvertriebenen nicht aufgenommen und sie in ihrer Mitte integriert hätte.
Die hiesige Bevölkerung musste sich allerdings mit der Zeit an die Verhaltensnormen dieser Flüchtlinge gewöhnen. Die Verhaltensnormen der Eifeler Bevölkerung waren schon hartgesotten, sie wurden jedoch eines Tages in einem Eifeldorf noch in den Schatten gestellt.
Eine Flüchtlingsfamilie, die von einem Gut aus Ostpreußen stammte, zog mit Mann und Maus auf das Feld, um die Kartoffeln auszugraben.
Während der schweren Arbeit mit dem Karst klagte die schwangere Ehefrau über Bauchschmerzen. Der Mann legte einen leeren Sack auf den Acker, damit seine Frau sich darauf legen und ein wenig ausruhen konnte.
Trotz des Wehklagens der Frau lässt der Mann sich nicht von seiner Arbeit abbringen.

Schließlich erleidet die Frau nach einer guten Stunde eine Fehlgeburt. Der Mann unterbricht nur widerwillig seine Arbeit, vergräbt die Fehlgeburt auf dem Acker und arbeitet weiter.
Erst gegen Abend, als er wegen der herein brechenden Dunkelheit nicht weiter arbeiten konnte, packte er Frau, Kinder und die Kartoffelsäcke auf einen Karren und fuhr nach Hause.

25. Falsche Frömmigkeit

Eine andere Flüchtlingsfamilie war auf mehreren Umwegen erst später in unsere Gegend gelangt, als die Leute hier sich schon ein wenig an die anderen Sitten der Familien aus dem Osten gewöhnt hatten. Doch was diese Familie von den Erlebnissen auf der Flucht erzählte, verschlug den Leuten die Sprache.
Mit zwei kleinen Kindern war die Familie aus Ostpreußen im Schneesturm bei großer Kälte vor den anrückenden russischen Truppen Richtung Westen geflüchtet. Ein Kind war auf dem Treck irgendwo in Pommern wahrscheinlich an einer Lungenentzündung gestorben, der Mann hatte am Wegesrand ein Grab ausgehoben, und die Familie hatte ihre Tochter dort begraben müssen. Bis nach Sachsen Anhalt waren sie mit letzter Kraft gelangt und dort in einer Scheune untergekommen.
Während der Endkämpfe war eine Granate in ihrer Nähe eingeschlagen und hatte ihr zweites Kind auch getötet. Weil sie sich in Sicherheit bringen mussten, war es ihnen nicht mehr möglich gewesen, dieses Kind zu beerdigen.
Sie hatten sich zu den Amerikanern in Thüringen durchschlagen können und nach dem Waffenstillstand dort eine Wohnung gefunden.
Ein sehr einschneidendes Erlebnis hatte der Mann, als die US-Armee Thüringen geräumt und den Russen überlassen hatte, was er den Amerikanern noch viele Jahre später nicht verzeihen konnte.
Die Familie hat hier ein neues Leben angefangen, ein eigenes Haus erworben und weitere Kinder bekommen. Doch ihre Gewohnheiten legten sie nie ab.

Sie bereiteten nur die Speisen zu, die sie von zu Hause her kannten, das gespaltene Brennholz stapelten sie zu runden Türmen auf, was bis dahin in unserer Gegend unbekannt war, und sie stellten ihre Hausschuhe aus Stroh sowie die Arbeitsschuhe aus Holz selbst her.
Ihre Häuser heizten sie mit Sägemehlöfen und pflegten den Brauch der guten Stube noch besser, als man es hier zu Lande kannte. Kurz gesagt, sie waren in der Lage, mit sehr wenig auszukommen, und was ihnen zum Leben fehlte, konnten sie sich selbst organisieren oder herstellen. Das schafften sie durch das Anlegen eines großen Gemüsegartens und den Betrieb einer kleinen Landwirtschaft.

In den späten sechziger Jahren; zu der Zeit als der Vietnamkrieg seiner heißesten Phase zusteuerte, sitzt diese Familie ganz friedlich beim Abendessen und sieht sich nebenbei im Fernseher die Nachrichtensendung der Tagesschau an. Im Laufe der Sendung wird ein Film eingeblendet, der den US-amerikanischen Präsidenten Lyndon B. Johnson und Papst Paul VI zeigt. Ein Sprecher kommentiert den Filmbericht mit den Worten:

„Papst Paul der sechste hat heute den Präsidenten der USA, Lyndon B. Johnson, in einer Privataudienz empfangen. Themen der zweistündigen Unterredung waren...“.

Wie aus der Pistole geschossen, springt der Mann auf und brüllt:
„Da, der Ami, der Drecksack!“

Während seiner Erzählung kniet er sich vor den Fernseher, reißt die Hände in die Höhe, faltet sie zum Gebet und imitiert den US-Präsidenten vor dem Papst mit den Worten:

„In Vietnam schluckt er Blut, und jetzt kriecht er zum Papst ‘Heilige Maria’!!!“.

26. So und so

Die Fähigkeit, die Dinge auf den Punkt zu bringen, besitzen nicht nur die Bauern, auch die mit Vennwasser groß gezogenen Handwerker aus echtem Schrot und Korn sind nicht minder pfiffig. Zugegeben, haben sich viele Handwerker ausschließlich auf ihr direktes handwerkliches Können spezialisiert und weniger Verständnis für die anderen Dinge entwickelt, die mit ihrer Tätigkeit in unmittelbarem Zusammenhang stehen. Wenn in früheren Zeiten der Kunde dem Handwerker noch mit einigen Worten erklären konnte, was er von ihm haben wollte, ist es im Laufe der Zeit unumgänglich geworden, die immer umfangreicher werdenden Teile auf einer Zeichnung darzustellen. Da die Zeichnung eventuell in den USA entstanden ist und das Teil in unserer Region hergestellt werden soll, ist es für den Handwerker unumgänglich geworden, die Sprache des Zeichners zu verstehen, oder wie man hier zu Lande sagt, eine Zeichnung lesen zu können. Diese Kenntnisse wurden den Arbeitern in der Industrie schon seit Jahrzehnten in der Berufsausbildung beigebracht, aber im Bereich des Handwerkes, wo die Fertigkeiten und die damit zusammen hängenden Tricks immer noch wichtiger sind, war das Lesen einer Zeichnung lange Zeit nicht sonderlich wichtig.

Die Arbeiter am Bau hingegen hatten schon immer mit dem Bauplan zu tun, den sie auch lesen konnten, doch kam in ihrem Bereich das Problem hinzu, die Angaben in der statischen Berechnung richtig lesen, deren beigefügte Pläne und Skizzen deuten und umsetzen zu können.

Die Zimmerleute haben noch immer eine schwere Aufgabe, sie kennen den Bauplan und die statistische Berechnung, jedoch bietet ihnen dieser Bauplan lediglich eine grobe Vorgabe über Ausmaße und Neigung des Daches. Wenn es um die Feinheiten geht, versteckt der Architekt sich oft hinter Angabe: „Dachstuhl zimmermannsmäßig verarbeitet.“

Folglich ist der Zimmermann gezwungen, vor Beginn seiner Arbeiten am Dachstuhl das bis dahin entstandene Mauerwerk genau abzumessen, sich einige Skizzen zu fertigen und erst dann Pfetten und Sparren anzuzeichnen sowie später zugeschnitten auf dem Mauerwerk aufzubauen. Jede zusätzliche Ecke und Gaube am Dach machen die Arbeit des Zimmermannes erheblich schwieriger.
Ein alter Zimmermann im Ruhestand, der zu einer Zeit seine Berufsausbildung genossen hatte, als die Dachstühle noch komplett aus beschlagenen Rundhölzern hergestellt wurden, hatte sich von seinem Nachbarn, einem Bauingenieur, breitschlagen lassen, ihm an seinem Neubau den sehr komplizierten Dachstuhl am Boden aufzureißen, damit junge Leute die Balken gemäß seines Anrisses zuschneiden und später auf seine Weisungen hin zusammenbauen konnten. Der Dachstuhl schien so kompliziert zu werden, dass die jungen Zimmerleute sich mit dessen Aufriss vor ein unlösbares Problem gestellt sahen.
Das Mauerwerk war weit genug gediegen, und der erfahrene Zimmermann ging zur Baustelle um sich die Sache einmal etwas genauer anzuschauen. Er ging durch das Obergeschoss sah sich die möglichen Auflagestellen für die einzelnen Stützbalken an und musterte Mauerhöhen sowie Maßtreue von dem, was die Maurer an den Tag gelegt hatten. Der große Augenblick für den Start des schwierigen Unternehmens war gekommen, und der Bauherr erschien vollbepackt mit Zeichnungen auf der Baustelle, breitete den sorgfältig ausgearbeiteten Bauplan sowie einen speziellen Aufriss des Dachstuhles vor dem Praktiker aus und begann mit einer genauen Instruktion des Zimmermannes.
Das Hauptdach müsse über den Vordergiebel einen Überstand von 1,50 Meter bilden, nach hinten jedoch nur einen Meter, seitlich 1,80 Meter; das Nebendach des einen Gebäudeschenkels habe in einem Winkel von 75 Grad in das Hauptdach hinein zu führen und den Hauptfirst um 50 Zentimeter zu unterschreiten, ohne jedoch eine eigene Traufhöhe zu bilden. In diesem Wortlaut lief die zirka einstündige Unterrichtung weiter. Nachdem der Ingenieur fertig war, fragte er seinen Nachbarn, ob er jetzt genau wisse, wie er den Dachstuhl machen solle.

Der alte Zimmermann nickte zustimmend mit dem Kopf, trat einen Schritt zurück, schlug mit der rechten Hand von oben nach unten und von links nach rechts, dabei sagte er: „E su un e su!“ (So und so!)

27. Sichtbare Ergebnisse

Der deutsche Dichterfürst Johann Wolfgang von Goethe hat bereits erkannt: „ Der Mensch ist von Natur aus träge, nur Neid und Missgunst treiben ihn voran.“ Lässt man sich diese Erkenntnis einmal auf der Zunge zergehen und denkt ein wenig nach, tauchen genügend Beispiele dieser Erkenntnis in unserem unmittelbaren Umfeld auf. Wenn wir aber ehrlich sind, erkennen wir uns selbst dabei, wie wir viele unnötige Mühen und Schmähungen auf uns nehmen, um soziales Ansehen und Annerkennung innerhalb unseres Umkreises zu gewinnen. Der Neid auf die Größe des Autos, das unser Nachbar sich erlauben kann, gibt uns nur all zu häufig die Richtschnur vor, an der wir die Größe unseres nächsten Autos messen. Das wäre noch akzeptabel, aber eigentlich ist die Missgunst untereinander Gift für den Frieden in unserem täglichen Miteinander. Hat jemand aus unserem Bekanntenkreis einen beruflichen Erfolg errungen, sollten wir uns mit ihm freuen, statt ihn deshalb zu meiden oder seinen Erfolg madig zu machen.
Doch ein anderes Dichterwort sagt: „Wir denken mit dem Geist, handeln aber nach unseren Gefühlen.“ Da liegt wahrscheinlich der oft zitierte Hund begraben, die Missgunst bestimmt unser Handeln. Also haben viele Menschen darauf hin gearbeitet, innerhalb der Gesellschaft einen Stand zu erreichen, der über diese alltäglichen Anfeindungen hinaus erhaben ist. Diesem Stand fühlten und fühlen sich viele Mediziner zugehörig und verhalten sich auch so. Welcher kleine ungebildete Arbeiter kann denn schon die Arbeit eines Mediziners kritisieren? Es sind aber nicht nur die Halbgötter in weiß, die sich über andere erheben wollen, auch genügend andere Menschen fühlen sich einer höherwertigen Gruppe zugehörig. Dabei ist innerhalb vieler Organisationen eine Dreiteilung zu beob-

achten, die Genies, der Durchschnitt und der Mob. Betrachten wir einen normalen Industriebetrieb, dort hat man den folgenden Eindruck: Die Bediensteten in den Büros der Führung betrachten sich als die „Creme de la Creme“ und erheben sich über die Leute aus dem großen Bereich der Technik, die sich wiederum dem arbeitenden Volk gegenüber überlegen fühlen. Innerhalb der Abteilungen eines solchen Betriebes taucht diese Dreierteilung wieder in ähnlicher Form auf. Die dem Abteilungsleiter zugeordneten Leute heben sich aus der grauen Masse der anderen hervor, die sich wiederum gegenüber den einfachsten Arbeitern durch Haltung oder Statussymbole abgrenzen.

Daraus resultierten auch die üblichen Schuldzuweisungen, nachdem Störungen im Betriebsablauf aufgetreten sind. Die Schuld wird zuerst beim kleinsten Arbeiter gesucht, alleine schon darum, weil er nicht den vollen Durchblick hat und meist nicht in der Lage ist, sich zu wehren. Nur für den Fall dass dieser Versuch scheitert, wandert die Adresse für den Schuldspruch eine Etage höher, jedoch selten bis zum höchsten Chef. Wer will es sich schon mit dem verderben?

Ein ähnlicher Streit hat sich in einem Dorf an der Rur vor vielen Jahrzehnten entwickelt. Da lag der einzige Schneider des Dorfes längere Zeit auf seinem schweren Krankenlager und der in Monschau praktizierende Arzt hatte mehrere Hausbesuche abstatten sowie eine langwierige und vor allem teure Behandlung durchführen müssen.

Obwohl anfangs sehr geduldig, wurde der Schneider mit der Zeit ärgerlich über den nur schleppenden Fortgang der Heilung. Einige Beschimpfungen hatte der Arzt unwidersprochen hingenommen, doch eines Tages quittierte er das Gemurre seines Patienten mit dem Hinweis, er sei doch mangels Bildung nicht in der Lage, sich ein Urteil über medizinische Dinge anzumaßen.

Was sollte der Schneider nicht können?

Da hatte der Arzt aber den wunden Nerv seines Gegenübers getroffen, der ihm gegenüber mal seine Kompetenz darlegte:

„Wenn ich ene Anzog verschniggde, do kallt es jangße Dorep johrelank vann, aver wenn Du ene Patient vermoreks, dä kött onger en

Äerd un es vutt " (Wenn ich einen Anzug falsch zuschneide, da spricht das ganze Dorf jahrelang drüber, aber wenn du einen Patienten vermurkst, der kommt unter die Erde und keiner spricht mehr davon.)

28. Wichtiger Gradmesser

Der Neid ist, wie in der gesamten Welt auch, ständiger Wegbegleiter der hier wohnenden Menschen, denn bei richtig angewandter Dosierung, kann eine gute Portion Neid den Menschen auf dem berühmten Pfad der Tugend halten, weil er, von seinem Trieb gedrängt, nicht in Müßiggang verfällt. Denn hat der Nachbar erst einmal ein Automobil einer gewissen Typenklasse gekauft, wird dieses Auto häufig zur Richtschnur für andere, und viele unserer Mitmenschen finden nicht eher Ruhe, bis sie ein ähnliches Gefährt präsentieren können. Betrachtet man die neu errichteten Eigenheime, die überall in unseren Dörfern entstehen, dann kommt man zwangläufig zu dem Schluss, diese Häuser hätten parallel zum Zweck des Wohnens auch die Aufgabe, den sozialen Status der Einwohner nach außen hin deutlich zu machen. Lägen die Häuser sehr weit in der Landschaft zerstreut, und die Besitzer wüssten nichts voneinander, fielen alle Häuser garantiert eine gehörige Portion kleiner aus.

Die negativen Konsequenzen dieser Entscheidung für den Bau eines solch großen Eigenheimes werden erst wesentlich später spürbar, wenn die Schulden getilgt, das Haus sauber gehalten und geheizt werden muss. Weil diese Schwierigkeiten für die Umwelt nicht offensichtlich werden, bleibt das schöne äußere Bild erhalten, und nur das zählt für die Meisten.

Wer das nicht so recht glauben möchte, dem empfehle ich, einmal durch die Feldwege zu gehen, und sich die Seite der Häuser anzusehen, die der Straße abgewandt ist, viele Häuser sind nicht mehr wieder zu erkennen. Das Bild nach außen ist sehr wichtig, und leider legen sich viele Leute für die Pflege dieses Bildes krumm. Lässt der normale Geldbeutel die Pflege dieses Bildes nicht zu, müs-

sen die Mittel entweder an einem anderen Ende der Haushaltrechnung eingespart oder durch die Aufnahme einer Nebenbeschäftigung verdient werden. Von diesen Verhaltensnormen abgeleitet, hat sich das Sprichwort gebildet:
„Die Leute laufen bis zum 50. Lebensjahr mit der Gesundheit dem Geld hinterher und mit dem dann verdienten Geld laufen sie wieder der verlorenen Gesundheit nach."
Wenn ein ehemals armer Schlucker es durch seinen Lebenswandel zu etwas gebracht hat, tauchen wie aus dem Nicht die Neider auf, und versuchen an seiner Leistung zu kratzen, damit sein dörfliches Ansehen nicht ins Unermessliche steigt und das eigene noch weiter absackt. Beim geringsten Anlass wird der jetzt besser Betuchte angefeindet, er habe das Eine oder Andere nicht mehr nötig; kaum jemand gönnt ihm seinen erworbenen Reichtum, das hat Spuren im Verhalten der Menschen hinterlassen.
Und nur vor diesem Hintergrund ist die folgende Anekdote zu verstehen.
Ein junges Paar aus normalen Verhältnissen hatte sich in der Kirche das Ja-Wort fürs Leben gegeben und auf der anschließenden Hochzeitsfeier übertrafen sich die Gratulanten mit den allerbesten Glück- und Segenswünschen für das junge Paar. Gesundheit, Glück und langes Leben gehörten ebenso auf diese Liste wie viele gesunde Kinder und ein großes Haus.
Als die Gratulationskette zu einem vorläufigen Ende gekommen und Ruhe eingekehrt ist, ergreift der alte Großvater das Wort. Er gibt einige gute Ratschläge für ein friedliches Zusammenleben und wünscht dem Hochzeitspaar allzeit viele Feinde.
Die junge Braut ist entsetzt, wie kann der liebe Opa ihr denn so einen fürchterlichen Wunsch mit auf den Weg geben?
Der Opa klärt diese Verwirrung sofort auf:
„Wenn derr emmer vell Feinde hatt, dann jeet et üch och emmer jott." (Wenn ihr immer viele Feinde habt, dann geht es euch auch immer gut.)

29. Falscher Ruhetag

Wie schon einige Male erwähnt, unterstanden die Menschen in früherer Zeit recht stark dem Kommando des Dorfpfarrers, der seine Brüder und Schwerstern häufig seine ganze Autorität spüren ließ. Man konnte im Dorfleben tun, was man wollte, dem Pfarrer wurde alles zugetragen, und er reagierte darauf.

War ein Pfarrkind in der Öffentlichkeit zu weit vom geraden Weg abgewichen, erhielt der Übeltäter auch vom Pfarrer einen deutlichen, wörtlichen Hinweis, wieder auf den Pfad der Tugend zurückzukehren. Die Vergehen waren vielfältig und wurden recht häufig verübt. Die Jungmänner machten sich beim Genusse alkoholischer Getränke oft der Unmäßigkeit schuldig und erregten anschließend ein öffentliches Ärgernis, wenn sie im alkoholisierten Zustand, den Samstagabend beendend, am Sonntagmorgen noch singend am Straßenrand saßen, während die tugendhaften Bürger bereits auf dem Weg zur Frühmesse waren; das durfte nicht ungeahndet bleiben.

Die Jungfrauen waren nicht minder gefährdet und bedurften der besonderen Aufsicht und Fürsorge; sollte eine Mitschwester sich im Schutze der Dunkelheit zusammen mit einem Jüngling längere Zeit an einem nicht einsehbaren Ort aufgehalten haben, fiel sofort der Verdacht auf sie, unkeusche Taten vollzogen zu haben, die schlimme Folgen nach sich ziehen konnten. Das bedurfte selbstverständlich eines Hinweises durch den Seelenhirten.

Doch auch im fortgeschrittenen Alter blieb die weisende Hand des Pfarrers für die ihm Anvertrauten notwenig. Bekanntlich wird der Mensch im Laufe seines Lebens immer egoistischer, darum sind Streitereien zwischen ihnen auch völlig natürlich. Trieb ein Mitbürger einen solchen Streit jedoch auf die Spitze und versuchte durch die Hilfe geschickter Anwälte seinem Nachbarn das Leben nach Kräften schwer zu machen, war der von allen geachtete Pfarrer nicht selten als schlichtende Instanz gefragt.

Auch in vielen Streitfällen zwischen der Gemeindeverwaltung und

den Bürgern ist der Pfarrer nicht selten für das Wohlergehen seiner Schützlinge auf die Barrikaden gegangen.
Doch diese Aufgaben stellten ein zweischneidiges Schwert dar, stand der Pastor auf der Seite des Gewinners, wurde er mit Lobeshymnen überschüttet und sein Ansehen stieg noch weiter an, begab er sich zum Unterlegenen, hat auch er sich viele Schmähungen anhören müssen, stellte sich im nachhinein sein Irrtum heraus, wurden Forderungen an den Bischof laut, den Pfarrer zu Strafe an einen anderen Ort zu verbannen.
Doch ungeachtet dessen wurde dem Dorfpfarrer irgendwann ein ungeheuerlicher Fall von Sonntagsschändung zugetragen.
Ein Bauer ohne eigenes Fuhrwerk hatte einem jungen Mann aus seiner Nachbarschaft eine gute Belohnung versprochen, wenn er ihm am Sonntagnachmittag eine Fuhre Heu von der Wiese in die schützende Scheune brächte. Das dringend benötigte Geld vor Augen, hatte der junge Mann seine Sonntagspflichten wohl vergessen und war dem schnöden Mammon erlegen. Zu allem Unheil hatte der junge Mann sein Gespann noch auf einem sumpfigen Teil der Wiese nicht richtig beobachtet, und der Heuwagen war während des Aufladens in den sumpfigen Boden so weit eingesackt, dass sein Pferd alleine den Wagen nicht herauszuziehen vermochte. Es hatte vieler Fragen und Bitten bedurft, ehe ein Nachbar bereit war, an einem Sonntag sein Pferd anzuspannen und bei der Bergung des Heuwagens zu helfen. Bei der Bergung, als der Nachbar sein Pferd vor das Zugpferd des Wagens spannte und anziehen wollte, wurde zu allem Übel auch noch eine teure Zugleine durchtrennt. Kurz gesagt, der Tag endete für den jungen Mann in einem Fiasko.
Dieses Treiben war den Mitchristen natürlich nicht verborgen geblieben, und der Herr Pastor wurde noch am Montagmorgen über das Vergehen und seine Folgen vollends in Kenntnis gesetzt. Das Vergehen war derart schlimm, der Pfarrer musste zunächst eine Zeit lang den Tathergang analysieren, ehe er etwas dazu sagen konnte. Die Schwere der Tat wurde aber bereits dadurch deutlich, dass die Verfehlung und deren Folgen zum Thema der Predigt am nächsten Sonntag erhoben wurde. Da konnte der junge Pechvogel

schon mal erahnen, welchen Kommentar er in den nächsten Tagen vom Pfarrer zu erwarten hatte.
Diese Rüge erfolgte auch wie erwartet, der Pfarrer belehrte den Übeltäter, seine Sünde sei allein schon durch sein erstes Missgeschick, das Festfahren, sichtbar geworden. Sonntagsarbeit offenbare den Sünder immer wieder, und diese Sünde räche sich in schwerster Form.
Der Pfarrer muss den jungen Mann zu streng ins Gebet genommen haben, denn an einem Punkt des Gesprächs unterbrach ihn der Angeklagte mit den Worten:
„Do wo ich jehange hann, do hätt sich jederrenne och des mondiss fastjefahre.“ (Da wo ich mit dem Wagen festgehangen habe, hätte sich jeder andere auch montags festgefahren.)

30. Kluge Wartung und Pflege

Das Dorfleben ist auch für uns noch recht familiär, die meisten Leute kennen sich, und jeder weiß im Falle eines Falles, wer ihm mit Rat und Tat weiterhelfen kann. Tritt zu einer ungünstigen Zeit ein Schaden am Auto oder einem sonstigen Gerät auf, ist meist ein Fachmann aus dem Bekanntenkreis verfügbar, der weiterhelfen kann. Brennt beispielsweise am Heiligen Abend die Weihnachtsbaumbeleuchtung nicht, woher sollte man dann einen Elektriker rufen können? Wenn nicht gerade ein hilfsbereiter Fachmann um die Ecke wohnt, der einspringen kann, ist eine kleine Katastrophe vorprogrammiert. Bei der langwierigen Errichtung eines Eigenheimes tauchen solche Notsituationen sehr häufig auf, und viele Arbeiten würden unnötig lange hinausgezögert, wenn nicht immer wieder Freunde bereit wären, in die Bresche zu springen und den Gesamtbetrieb in Gang zu setzen. Das gleiche gilt auch, wenn ein Gerät oder Hilfsmittel benötigt wird, aber nicht zur Verfügung steht. Fast immer kann ein guter Bekannter weiter helfen. Soweit die positive Seite.
Natürlich gibt es auch die entsprechende Schattenseite, genügende Zeitgenossen nehmen diese Vergünstigungen gerne in Anspruch,

aber wenn sie mal gefragt sind, zu ungünstigen Zeiten Hilfestellung zu geben, ist nicht mehr als ein Schulterzucken oder weitschweifige Ausreden zu hören. Ebenfalls legen genügend Zeitgenossen erhebliche Defizite im Umgang mit ausgeliehenem Gerät an den Tag. Immer wieder ist zu beobachten, ausgeliehenes Gerät wird schadhaft zurück gegeben, und man lässt die Sache auf sich beruhen.

So ist das immer noch im Umgang mit den Menschen, obwohl es in biblischer Zeit schon genau so war, denn im Evangelium ist die Rede vom guten Hirten, der sein Leben für seine Schafe gibt und von dem Mann, der die Herde nur gemietet hat, sie bei der kleinsten Gefahr im Stich lässt und flieht. Also, nur derjenige, der eine enge Beziehung zu Menschen oder Geräten hat, weiß auch, sorgsam damit umzugehen.

Das haben einige Geräteverleiher mittlerweile auch verstanden und die Sache wieder ins Gegenteil verkehrt.

Die Bauern im Dorf besaßen meist nur eine Pferdekarre, mit der sie die üblichen Transporte erledigen konnten, für alle Sonderaufgaben kauften sie sich entweder mit mehreren Nachbarn gemeinsam einen Wagen, oder sie liehen sich irgendwo im Dorf das benötigte Transportmittel. Das konnte ein Heuwagen sein, den man nicht besaß, oder zum Beispiel ein Transportwagen für Langholz. An den meisten Wagen tauchten auch die unausweichlichen Schäden auf, ein Bodenbrett brach durch oder die Halterung eines Seitenschlages riss aus der Verankerung usw., dementsprechend sah das Gerät auch nach einigen Jahren aus.

Doch ein wohlbetuchter Bauer aus dem Ort, der nicht zu den Freigiebigsten zählte, hatte seinen Wagenpark ständig bestens im Schuss, obwohl er wenig Geld für Reparaturen übrig hatte und auch sein Gerät schon mal verlieh. Dieses Thema kam beim sonntäglichen Frühschoppen der Ortbauernschaft zu vorgerückter Stunde auf die Tagesordnung. Die Kollegen wollten von ihrem Kollegen wissen, wie er das anstellte.

Da die Zunge dieses gewieften Kollegen vom Alkohol schon ein wenig gelockert war, rückte er mit seinem Geheimnis raus, er belehrte seine Zuhörerschaft, man müsse nur den richtigen Zeitpunkt für das verleihen eines Gerätes kennen. Denn er Verlieh sein Gerät nur dann, wenn sich eine Reparatur ankündigte, dann war die Wahrscheinlichkeit am größten, dass der Schaden beim Betrieb durch den Ausleiher eintrat und er anschließend das Gerät wieder reparieren musste. Nur so kann man zu etwas kommen.

31. Der dumme Kluge

Es ist wahrscheinlich im Wesen des Menschen so angelegt, dass er sich einer Gruppe zugehörig fühlt. Das kann die Familie, die Schulklasse, eine Fußballmannschaft oder eine Arbeitsgruppe sein. Dieser soziale Wesenszug des Menschen ist bestimmt ein positiver und trägt wesentlich zur Bildung von Gemeinschaften bei, denen die Menschen sich anschließen können, damit sie nicht vereinsamen.

Leider führt dieses Gruppendenken auch häufig zu Konkurrenzdenken, und eine Gruppe fühlt sich der anderen überlegen. Das fängt im Kindergarten schon an, die Gruppe der älteren Kinder schaut auf die Anfänger herab. In der Schule ist die Klassenbildung schon in der Natur der Sache angelegt, und wieder fühlen die älteren Kinder sich den jüngeren überlegen.

Durch dieses Denken, das unsere Kinder von klein auf lernen, entstehen später für sie gewisse Ordnungen und Verhaltensnormen. Jeder meint, mit den Menschen der „untersten Ordnung" könne er herum springen, wie er wolle. An die Elite traut sich keiner heran, denn wer sich mit denen anlegt, hat großen Ärger zu befürchten. Wir in der Provinz haben oft den begründeten Eindruck, die Stadtbevölkerung fühle sich uns überlegen. Wahrscheinlich stammt dieser Eindruck aus der Zeit, als man hier ausschließlich der Landwirtschaft nachging, und die Stadtbevölkerung ihr Geld auf eine weniger schmutzige Art verdiente.

Der feine Bürger aus der Stadt, der den Bauern belächelt, ist wahrscheinlich auf der ganzen Welt ein altbekanntes Bild. Auf diesen Bildern wird der Bauer meist als der Dumme und der feine Mann aus der Stadt als der Intelligente dargestellt. Doch wenn sich zwei solcher Menschen begegnen, sieht die Unterhaltung oft ein wenig anders aus.

Vor einigen Jahren war ein einheimischer Landwirt in den Vennwäldern damit beschäftigt, Moos zu sammeln und alte Baumwurzeln auszugraben. Dieses Material lieferte er zu einem für ihn guten Preis an die Gärtnereien in Aachen und Köln, die das Material für die Herstellung von Kränzen und Gestecken verwendeten. Irgendwann während seiner Arbeit tritt aus dem Wald heraus und legt die Wurzeln am Weg ab, genau in diesem Moment kommt zufällig eine Wandergruppe des Weges und lacht den Mann aus: „Da kommt Rübezahl persönlich, da kommt der Eifelschrat, es gibt den Jeti doch" und ähnliche Spottverse waren zu hören. Der Landwirt blieb gelassen und geriet mit den Wanderern ins Gespräch. Sie er-zählten, sie seien Bedienstete der Technischen Hochschule aus Aachen und suchten hier in der sauberen Eifelluft Ruhe und Erholung. Einer stellte sich als Professor, eini-

Unsere Vorfahren konnten in mehrfacher Hinsicht mit dem Kopf arbeiten.

ge andere als Doktor der Naturwissenschaften vor, und sie erzählten von ihren Beobachtungen im Wald. Sie zogen Schlüsse daraus auf den Zustand der Bäume, des Bodens und der ganzen Umgebung. Dabei warfen sie mit Fremdwörtern und Fachausdrücken um sich, die der Bauer nicht verstehen konnte. Sie nahmen den Bauern darum ein wenig auf den Arm und meinten, es sei gar nicht schlimm, wenn man nicht alles verstehe, was um einen herum passiere, dann mache man sich auch keine unnötigen Sorgen. Schließlich wollten sie auch wissen, was der Bauer hier mache.
Er gab ihnen zur Antwort, er grabe die alten verfaulten Wurzeln aus, trage sie zusammen und mache sie sauber.
Wieder brach johlendes Gelächter aus und weitere Spottverse machten die Runde. „Dreck zu Dreck, in den Dreck gehört der auch hin.“
Dann erzählte der Landwirt, er bearbeite jede Wurzel jetzt noch fünf Minuten lang und liefere sie später nach Aachen in die Gärtnereien. Und übermorgen könnten die Damen und Herren Doktoren sie dort für zehn Mark pro Stück kaufen. „Für zehn Mark pro Stück? Dann habe der Bauer doch heute Morgen schon mehr als 500 DM verdient!“
Dann hörte das Lachen auf.

32. Perfekter Service

Die Zahl der regelmäßigen Kirchenbesucher ist auch in der Eifel rückläufig, jedoch nicht in dem Maße, wie in den dicht besiedelten Ballungszentren, darum ist auch das Leben innerhalb der Pfarrgemeinden noch recht lebendig. Genügend Kinder erklären sich bereit, die Aufgaben der Messdiener zu übernehmen; die Pfarrgemeinde organisiert den örtlichen Kindergarten, hält die Kirche und das Umfeld in Schuss, betreut die Alten und Kranken des Dorfes, und der Kirchenchor trägt zur Verschönerung der Messen und sonstigen Dorffeste bei. Es finden sich immer noch genügend Leute, die diese und alle weiteren Aufgaben ehrenamtlich wahrnehmen. Zugegeben, darunter sind viele Leute im Rentenalter, die

unbedingt eine Beschäftigung brauchen und nur aus diesem Grund ständig präsent sind.
Weiterhin existiert in jeder Pfarrgemeinde auch ein Kirchenvorstand, der für alle Grundsatzfragen und die Verwaltung der Finanzen zuständig ist, sowie der Pfarrgemeinderat als weitere Verbindung zwischen Pfarrer und den Gemeindemitgliedern. Der Pfarrgemeinderat bildet noch weitere Ausschüsse für die Erfüllung spezieller Aufgaben. Denn in den Messfeiern sollen die Texte nicht nur vom Pfarrer heruntergeleiert werden, sondern die Messen sollen unter Beteiligung vieler Menschen möglichst interessant und lebensnah gestaltet werden. Für die Betreuung der Alten und Kranken haben viele Gemeinden Rollstühle oder Krankenpflegebetten angeschafft, die an die Bedürftigen ausgeliehen und verwaltet werden. Die Vorbereitung der Kinder auf den Empfang der ersten heiligen Kommunion und der Firmung wird ebenso von Leuten aus der Pfarrgemeinde übernommen wie die Assistenz des Pfarrers bei der Bewältigung seiner vielfältigen Aufgaben.
Damit das alles reibungslos klappt, müssen alle Mitglieder der Pfarrgemeinde ständig über den Stand der Dinge sowie über geplante Neuerungen unterrichtet werden. Dazu dient einmal eine Tafel mit den aktuellen Bekanntmachungen, die Verkündigung in der sonntäglichen Messe und nicht zuletzt die regelmäßige Herausgabe eines Pfarrbriefes, der ständig im hinteren Teil der Kirche zur Mitnahme bereit liegt.
In diesem Pfarrbrief werden neben den Messfeiern alle Aktivitäten der Pfarrgemeinde bekannt gegeben. Da treffen sich montags die Frauen und stricken zu Gunsten der Leprahilfe, dienstags findet eine spezielle Seniorenmesse statt, am Mittwoch wird ein Vortragsabend über eine moderne Alten- und Krankenpflege in Pfarrzentrum veranstaltet. So ähnlich liest sich jeder Pfarrbrief. Leider erreicht der Pfarrbrief nicht alle Leute früh genug, denn viele Aktivitäten werden nach vorheriger Bekanntgabe veranstaltet, aber viele Leute wissen nicht worum es dabei geht.
So hatte auch eine Pfarrgemeinde in der Mechernicher Gegend in den achtziger Jahren des zwanzigsten Jahrhunderts damit begonnen, nicht mehr benötigte Brillen für Bedürftige in der dritten Welt

in der Gemeinde zu sammeln und dann den Hilfsorganisationen zuzuführen. Um die Abgabe der Brillen einfach zu machen, war neben dem Korb für die Auslegung des Pfarrbriefes ein ähnlicher Korb für die Abgabe der Brillen aufgehängt worden.
Eine ältere Frau betritt vor dem Beginn der heiligen Messe die Kirche und will sich noch schnell einen Pfarrbrief aus dem Korb holen, dabei entdeckt sie auch den Korb mit Brillen. Dann fängt sie an, in dem Korb zu kramen und setzt für alle hörbar eine Brille nach der anderen auf. Irgendwann hat sie eine passende Brille gefunden und liest ganz bedächtig den Pfarrbrief. Sie legt die Brille wieder zurück und nach der Messe bedankt sie sich beim Pfarrer für diese gute Sache:
„Da haben die Leute vom Pfarrgemeinderat mal richtig überlegt, jetzt kann jeder an Ort und Stelle den Pfarrbrief lesen, egal welche Brille er braucht, und jeder weiß sofort, was gespielt wird.“

33. Schlechtes Beispiel

Über die Wichtigkeit eines guten Leumundes für die Menschen in den Dörfern haben sie schon gelesen und können sich vorstellen, welch schlimme Folgen ein schlechter Ruf für den Einzelnen in der Dorfgemeinschaft haben kann. Eine böse Tat kann einen Schimpfnamen nach sich ziehen, den die Lästermäuler im Dorf noch Generationen später verwenden. Oder fällt jemand durch eine weniger ruhmreiche Tat im Dorf auf, dann munkeln die Leute, das sei ja typisch für diese Familie. Die ganz Klugen wissen dann sogar zu berichten, in dieser Familie seien schon immer Spitzbuben am Werke gewesen. Weniger häufig werden die Vorzüge von gewissen Familien gepriesen. Wenn es Familien mit ausschließlich schlechten Eigenschaften gibt, dann muss es zwangsweise auch Familien geben, die bessere Eigenschaften verkörpern.
Aber das Schlechte scheint auch hier zu überwiegen.
Mir ist kein Fall bekannt, dass ein hiesiger Einwohner ständig von seinen Mitmenschen in ehrenhafter Absicht als stets gut und über jeden Zweifel erhaben beschrieben wurde; aber es gibt mehr als

Obwohl sie manches Glas geleert haben, sind sie als honorige Herren gestorben. Junggesellenszene um 1910

genug Beispiele, dass einigen Leuten ein stets schlechter Ruf vorauseilt, obwohl sie in Wirklichkeit gar nicht so schlecht sind.
In jedem Ort gibt es die bekannten „Alkoholiker und Nichtsnutze", egal welches Missgeschick diesen Leuten auch passiert, es heißt sofort: „Der schon wieder. Das musste ja so kommen..." Andere Leute haben durch eine Jugendsünde ihren Ruf für ihr Leben lang verspielt, bei jeder passenden Gelegenheit schmieren böse Zungen ihnen ihr Vergehen aufs Brot. Man kann auch nicht von den Gescholtenen erwarten, sich in ihr Schicksal zu ergeben, die meisten zahlen mit gleicher Münze heim, denn auch hier lebt kaum jemand, der keine „Leiche im Keller" versteckt hätte. Genau so wird das Dorfgetuschel ständig in Gang gehalten.

Ein junger Mann war während der dreitägigen Kirmes nicht einmal nach Hause gekommen, man hatte ihn wahrscheinlich an der Theke im Wirtshaus festgehalten. Als er dann von dem großen Fest

noch erheblich gekennzeichnet in Richtung Heimat ging, brauchte er manche Orientierungshilfe, ehe er sein Elternhaus erreicht hatte. Mal musste ihm ein Passant wieder auf die Beine helfen, oder er brauchte Hilfe bei der Suche nach dem richtigen Weg. Auf diesem schwierigen Heimweg läuft er auch zufällig einer Nachbarsfrau in die Arme, die als böse Zunge weit und breit bekannt war. Die Frau zeigte sich auch sehr hilfreich und half dem Jungen zweimal auf die Beine, nachdem er sich unter eine Hecke zum Schlafen legen wollte. Sofort erfuhr jeder in der Nachbarschaft praktisch aus erster Hand, oder besser gesagt aus erstem Mund, von dieser Entgleisung des Jungen. Doch damit nicht genug, in den folgenden Tagen sprach diese geschwätzige Frau die Mutter des Jungen an und erzählte ihr, wie sehr ihr Sohn sich auf Kirmes daneben benommen hatte. Der Junge habe sich förmlich von der Welt gesoffen.
Die Mutter gab dem Lästermaul recht:
„Ich hann hem jesaht, wenn dä esu wirgder süfft, wüer dat e Käerel wie dinge Mann.“ (Ich habe ihm gesagt, wenn er so weiter saufe, würde aus ihm ein Kerl wie Dein Mann.)

34. Schlimme Sünde

In der katholischen Kirche hat sich im Laufe der Jahrhunderte das Sündenbekenntnis in Form der Ohrenbeichte durchgesetzt. Der Beichtvater ist mit dem reuigen Sünder allein im Beichtstuhl akustisch von der Außenwelt getrennt, während der Gläubige seine Verfehlungen bekennt und seine Reue beteuert. Daran anschließend sollte der Beichtvater dem Beichtenden Ratschläge für die künftige Vermeidung von Fehltritten mit auf den Weg geben, ihm die Lossprechung erteilen und eine Bußaufgabe stellen. Über dieses Beichtgespräch hat der Geistliche äußerstes Stillschweigen zu bewahren, das Sündenbekenntnis und die Lossprechung sind eine ureigenste Sache des Gläubigen und seines Seelenhirten.
Allerdings kann der Beichtvater auch die Lossprechung verweigern und den Gläubigen ungestärkt wieder ins alltägliche Leben

zurück schicken, was auch ein Geheimnis bleiben sollte.
In den Dörfern unserer Region hatte sich Anfang des Jahrhunderts ein Brauch gebildet, wenn der Beichtvater dem Gläubigen die Lossprechung verweigerte, ließ er ein Brett zwischen sich und dem Beichtenden herunter oder schob es seitlich vor das Fenster. Zur damaligen Zeit waren die Kirchen vor den Hochfesten Weihnachten und Ostern voller Menschen, die sich zur Beichte in einer Reihe aufstellten und nacheinander zum Pastor in den Beichtstuhl gingen. Trotz der vielen Leute war es in der Kirche immer mucksmäuschenstill, es war ja möglich, ein Wort aus dem Beichtstuhl mit zu bekommen. Kam es dann im Beichtstuhl zur Verweigerung der Lossprechung, und der Beichtvater ließ das Trennbrett ein wenig ungeschickt in das Fenster im Beichtstuhl gleiten, war das für jeden in der Kirche hörbar. Man kann sich vorstellen, wie geschockt der Beichtende dann die Kirche verließ, und auf Grund der gut funktionierenden Mundpropaganda machte ein solcher Skandal natürlich die Runde im Dorf.
Doch es war nicht nur dieses Problem, was die Beichte für viele so unangenehm machte. Man musste sich offen zu seinen Sünden bekennen und manche Beschimpfung vom Pastor anhören und im Falle eines Falles eventuell noch als Monster im Dorf ansehen lassen. Denn eines war völlig klar, wem der Pfarrer die Lossprechung verweigert hatte, der musste etwas Ungeheuerliches auf dem Kerbholz haben.
Da war es wahrscheinlich für viele Zeitgenossen besser, die wirklichen Sünden lieber für sich zu behalten oder sie in die vielen ungenannten lässlichen Sünden mit einzubauen. Doch hatte der Beichtvater einen wunden Punkt im Sündebekenntnis ausgemacht, fragte er je nach Temperament genau nach den Einzelheiten, die bei der Verfehlung eine Rolle gespielt hatten. Das konnte dann unangenehm werden, und eventuell überführte der Pfarrer dann den Beichtenden bereits einer weiteren Lüge bei dessen Sündenbekenntnis.
Man musste sich dem Geistlichen gegenüber auch verständlich machen können, der war ein studierter Theologe und viele Gläubige nur einfache Bauern, denen die Feinheiten der hochdeutschen

Hier wird die katholische Tradition weiter gepflegt. Erhebung des Hermann-Josef-Schreins in Steinfeld zur Wallfahrt 1998.

Sprache nicht geläufig waren. Man verstand einander oft gar nicht, wie die folgende Begebenheit zeigt.
Vorweihnachtszeit in den dreißiger Jahren des zwanzigsten Jahrhunderts, vor dem Beichtstuhl in der Dorfkirche hat sich eine lange Menschenschlange gebildet. Ein junger Mann aus einer einheimischen Familie ist auch unter den Wartenden. Im Laufe des Nachmittags hat der Pfarrer schon einige Male die Lossprechung nicht erteilt und das Brett für viele hörbar in das Fenster des Beichtstuhles gleiten lassen. Dann wurde sofort getuschelt: „Dä hat et Brett krieje!“ (Der hat das Brett bekommen.) Gott sei Dank waren es an diesem Nachmittag schon einige, die auf diese Weise bestraft wurden, so dass man sich all die Namen nicht mehr einfach merken konnte. Darum war es dem jungen Mann schon ein wenig leichter ums Herz als er den Beichtstuhl betritt und nach den üblichen Anfangsversen mit seinem Sündenbekenntnis einsetzt. Als er damit

fertig ist, macht der Pastor sich seine Gedanken und es wird für den Jungen unerträglich still. Dann fragt der Beichtvater den jungen Mann, ob er ein Verhältnis zu einem Mädchen habe. Da der schon Ende zwanzig war, konnte er die Frage nicht verneinen. Da hatte der Pastor also seinen wunden Punkt gefunden und er befragte ihn weiter: „Gehst du auch schon mal zu dem Mädchen?“ Wahrheitsgemäß gab der Junge so zirka drei Besuche im Hause des Mädchens zu. Aus welchem Anlass er denn zu dem Mädchen ginge, wollte der Pfarrer wissen. „Aus welchem Anlass?“ Mit dieser Fragestellung konnte der Junge nichts anfangen, für ihn war ein Anlass der Grund für ein großes Fest zu feiern, aber doch nicht, wenn er mal zwischendurch bei der Familie eines Mädchens reinsah. Also antwortete der Junge:
„Einen besonderen Anlass brauche ich dafür nicht, ich besuche das Mädchen, so wie ich Lust habe.“ Er meinte damit, so wie es sich gerade ergibt. Der Herr Pfarrer mit seiner hohen Bildung hatte heraus gehört, der Junge besuche das Mädchen nur dann, wenn ihn die Wolllust überkomme.
Das war eine schwere Sünde, ohne weitere Begründung ließ er das Brett herunter knallen und schickte den verwunderten jungen Mann aus dem Beichtstuhl. Dem dann nur noch übrig blieb, die Kirche mit gesenktem Kopf und rotem Gesicht schnellstmöglich zu verlassen.

35. Einseitige Hilfe

Und trotzdem bleiben Menschen hier auf den Höhen der Eifel in ihrer Mehrzahl dem katholischen Glauben verbunden. Die Grundlagen dieses Glaubens haben sie bereits als Kind mit auf den Lebensweg bekommen und oftmals als richtig erkannt, so dass sie sich trotz der vielen Mängel in der katholischen Amtskirche ihrem Glauben nahe bleiben. Dieser Glaube wurde vor gut einhundert Jahren noch viel intensiver akzeptiert und gelebt. Bis zum Zeitalter der Aufklärung, als man die Menschen aufforderte ihr Leben mehr auf ihren eigenen Verstand aufzubauen als sich von anderen ständig bevormunden zu lassen, hatte die Kirche während der Inquisition und Reformation ein hartes Regiment geführt und die Menschen unterdrückt. Aus dieser wechselvollen Geschichte heraus hatte sich in der Eifel der Katholizismus halten und entfalten können.

Als Zeugen dafür stehen die zahlreichen Klöster und Wallfahrtsorte sowie viele Traditionen, die aus dem katholischen Glauben entstanden sind. Viele Eltern gaben dem ältesten Sohn den Namen Josef und ließen ihre erste Tochter auf den Namen Maria taufen. Die Namenspatrone wurden mit besonderen Eigenschaften bedacht, der Vater von Jesus Christus, der heilige Josef, war laut der Bibel Zimmermann gewesen, darum schrieb man ihm ein besonderes Verständnis für deren Sorgen zu und erhob ihn zum Schutzpatron der Schreiner und Zimmerleute. Der heilige Hubertus war laut der Legende nach der Erscheinung eines Hirsches mit einem leuchtenden Kreuz zwischen den Geweihstangen vom Jäger zum Bischof geworden und wird seitdem als Patron der Jäger verehrt. Die heilige Barbara wurde sogar als Patronin der Artillerie verehrt, weil sie mit dem Blitz in Verbindung gebracht wurde. In der Pflege dieser Traditionen hat sich das Leben in unserer Region abgespielt. Das tägliche Gebet hatte einen hohen Stellenwert im Leben unserer Vorfahren, und mangels der modernen Medizin und Technik standen sie vor vielen unlösbaren Problemen, die sie durch das Gebet zu überwinden suchten.

War ein Wohnhaus in Brand geraten, kümmerten sich die Leute der Feuerwehr zusammen mit der Nachbarschaft um die Bergung von Personen und Material sowie um die Löschung des Feuers, die alten und gebrechlichen Nachbarn beteten zum heiligen Florian. Für fast jede Notsituation hatten die Menschen einen Schutzpatron auserkoren, von dem sie Hilfe durch das Gebet erwarteten.

Eine Gruppe von Arbeitern kam eines Tages mit einem vollbeladenen Langholzwagen, der von zwei Pferden gezogen wurde, auf einem schmalen Weg in Richtung Heimat. Irgendwann rutscht der Wagen von dem matschigen Weg in den Graben ab. Was nun?

Die Pferde allein schafften es nicht, in einem Kraftakt den beladenen Wagen wieder auf den Weg zu ziehen, zwangsweise mus-

Auch dieses Tier wird einseitig belastet: Ziege als Reittier im Monschauer Land 1935

sten die Männer sich etwas einfallen lassen. Ein Pferd blieb vor dem Wagen eingespannt, das andere wurde an die Seite gespannt und sollte die Last aus dem Graben anheben, doch auch das blieb ohne Erfolg. Die Männer versuchten, den Wagen selbst anzuschieben, doch einer von ihnen war zu alt, er konnte das nicht mehr. Also setzte er sich hin und begann zu beten, da ihm kein passender Patron einfiel, betete er zu den 14 Nothelfern um Hilfe. Irgendwann schaffen Pferde und Männer es, den Wagen aus dem Graben zu bringen, doch kaum ist der Wagen auf dem Weg, rutscht er in den Graben auf der anderen Wegseite.
Dann meinten die Männer zu ihrem alten Kollegen, er müsse den 14 Nothelfern jetzt sagen, sie sollten nicht alle an einer Seite drücken.

36. Liebe ist eine Zaubermacht

Immer dann, wenn ein junger Mann und eine junge Frau die Liebe füreinander entdeckt haben, trachten sie danach, ihr Leben fortan gemeinsam zu verbringen und neben der gemeinsamen Pflichterfüllung auch dem Leben die schönen Seiten gemeinsam abzugewinnen. Doch wenn diese Absicht sich bilden soll, müssen gewisse Voraussetzungen gegeben sein. Traditionsgemäß dauerte in unserer Gegend für Brautleute das Kennen lernen einige Jahre, damit man genügend Zeit hatte, den künftigen Partner in allen Lebenslagen zu erleben, um dann, durch die gemachten Erfahrungen gestärkt, die Entscheidung fürs Leben treffen zu können. Erst nach dieser Probezeit bestand die Möglichkeit, aus der anfänglichen Sympathie füreinander eine tiefe gegenseitige Liebe zu entwickeln.

Über weitere Absichten, die mit der Partnersuche parallel verfolgt wurden, ist schon viel spekuliert worden. Wenn es nicht die reine Liebe zwischen den Menschen sein konnte, mussten doch Geld oder sonstige Besitztümer eine Rolle spielen. Und in der Tat hat das Geld oft seine Finger im Spiel, wenn die Hochzeitsglocken all zu laut läuten. Wir kennen doch die Bilder aus der Presse zu Genüge, wie reiche alte Männer ihr Image aufpolieren müssen und sich zu diesem Zweck mit einem Filmsternchen in den besten Jahren schmücken. Komischerweise ist kein Fall bekannt geworden, dass eine junge, reiche und berühmte Frau einen armen alten Mann geheiratet hätte.

Weiterhin kann das höhere gesellschaftliche Ansehen eine Rolle bei der Partnerwahl spielen, für viele Menschen ist es sehr begehrenswert, einen Adelstitel zu führen, den sie durch die Heirat eines blaublütigen Partners erwerben können. Das macht schon etwas aus, wenn aus Lieschen Müller plötzlich die Prinzessin Elisabeth von Hohenzollern wird. Vom Verkauf solcher Titel leben einige Leute aus der sogenannten high society, oder solche die sich dafür halten, recht gut.

Solche hochgesteckten Ziele konnten bei den hiesigen Menschen keine Rolle spielen, hier ging es mehr um die Frage: „Mit welchem Partner kann ich das Leben möglichst gesichert angehen?“ Die Sympathie zu einem Mädchen konnte durch einen größeren Besitz in jedem Falle verstärkt werden. Auch die Eltern waren daran interessiert, ihren Kindern möglichst günstige Startbedingungen für das eigenständige Leben zu schaffen. Der Sohn aus reichem Hause wurde eher in der Rolle des angehenden Schwiegersohnes willkommen geheißen als der Junge aus ärmlichen Verhältnissen. Die von den Ahnen überlieferten Warnungen, eine reiche Frau bringe neben dem Geld auch das Kommando mit in die Ehe, sind schon zu allen Zeiten in den Wind geschlagen worden. Und wenn Braut oder Bräutigam nach einiger Zeit erkannten, dass sie doch nicht miteinander leben konnten, war es zu spät. Eine Scheidung war in unserer Gegend so gut wie unmöglich. Den entstehenden Ärger ließ man im Alltag an seinem Partner und der Familie aus, daran konnte man sich sogar gewöhnen.

Ein junger Mann aus einem Dorf auf den Eifelhöhen hatte sehr eigensinnige Ziele entwickelt, die er durch seine Eheschließung verfolgte.

In jungen Jahren hatte er eine Tochter aus reichem Hause in die Ehe geführt, die mit einigen Kindern gesegnet wurde. Als die junge Frau plötzlich starb, machten ihre Eltern und Geschwister sich große Sorgen, der Witwer könnte eine fremde Frau heiraten und das angesammelte Vermögen in andere Hände gelangen. Weil das nicht passieren durfte, wurde der Witwer massiv bedrängt, eine seiner beiden Schwägerinnen zu heiraten, die ohnehin bereits Patin eines seiner Kinder war. Um des lieben Friedens willen heiratete der Witwer nach einiger Zeit seine Schwägerin, und für die Familie seiner Frau war wieder alles in bester Ordnung. Leider war seiner zweiten Frau nur noch ein kurzes Leben an seiner Seite beschieden. Nach deren Tod brauchte niemand mehr den Witwer zu drängen; bereits kurze Zeit später machte er der noch verbliebenen Schwägerin einen Heiratsantrag. Einer seiner Freunde fragte ihn, wie er denn schon so schnell nach dem Sterben seiner Frau wieder eine Frau aus demselben Haus heiraten könne. Dann offenbarte der

Witwer seine Absicht:
„Nu well ich die Rass ooch jangs uusrotte.“ (Jetzt will ich diese Rasse auch ganz ausrotten)

37. Direkte Offenbarung

In unseren Dörfern spielt sich das Leben immer noch zu einem Großteil innerhalb der Nachbarschaft ab. Die Nachbarn werden durch den Vater persönlich von der Geburt eines Kindes unterrichtet, sie sehen zu, wie das Kind aufwächst, geben ihm einen Beitrag zur Schultüte, beschenken es zur Feier seiner Erstkommunion und schmücken das Haus des Kindes, wenn es heiratet. Alle größeren Feste in einer Familie werden von den Nachbarn begleitet, auch den Sarg des Toten tragen die Nachbarn zum Grab. Dadurch entsteht eine feste Bindung zwischen den Leuten in der Nachbarschaft, die sie auch als Gemeinschaft befähigt, gewisse Aufgaben zusammen anzugehen. Bekanntlich richten die Nachbarschaften gemeinsam den Fronleichnamsaltar auf und schmücken ihn, sie schmücken das Haus eines Brautpaares oder Jubilars und stiften zur Beerdigung eines Mitgliedes einen Kranz, um nur einige Aktivitäten zu nennen. In jüngster Zeit ist durch die Flut der Feste auch eine größere Aufgabenvielfalt auf die Nachbarschaften zugekommen. Zufahrtsstraße und Residenz von Schützen- und Hahnenkönig werden von der Nachbarschaft geschmückt, weiterhin bilden sie in diesem Falle einen eigenen Verein im großen Kirmesfestzug. Die im hiesigen Vereinsleben üblich gewordenen Sternmärsche, bei denen Musikvereine aus verschiedenen Richtungen des Dorfes zum Dorfmittelpunkt marschieren und auf dem Weg dorthin erfrischt werden müssen, sind nur möglich, weil einige Nachbarschaften sich bereit erklären, Geld zu stiften und die Musikvereine davon zu beköstigen. Weiterhin hat der Karneval mancherorts die Nachbarschaften zusammen geführt, denn die Karnevalswagen auf den Dörfern werden sowohl von den Vereinen als auch von verschiedenen Nachbarschaften geschaffen.
Dieses enge Zusammenleben hat auch seine Folgen, positiv wie

Auch hier hätte eine Hexe gut hineingepaßt. Bescheidene Anfänge der Karnevalsvereine in der Nordeifel um 1958.

negativ. Man kennt die Nachbarn recht gut und weiß, wie man mit dem einen oder anderen umgehen muss, damit es zu keinen Streitigkeiten kommt und der Friede in der Umgebung erhalten bleibt.
In jeder Region des Dorfes bilden sich informelle Führer(innen) heraus, das sind Menschen mit einem gewissen Organisationstalent und der Fähigkeit, andere Leute für eine Idee zu begeistern. Die Leute nehmen immer dann das Heft in die Hand, wenn in der Straße eine Aufgabe zu erledigen ist. Ebenso gibt es die große Masse, die sich führen lässt, genau so wie die wenigen Einzelgänger, die sich in Schema pressen lassen und sich an nichts beteiligen. Und zum allem Überfluss leben auch in unserer Gegend Menschen, die sich an der einen Maßnahme beteiligen und ein anderes Mal sture Einzelgänger bleiben.
Eine Nachbarschaft von gut 20 Familien hatte sich darauf geeinigt, in diesem Jahr gemeinsam einen Karnevalswagen zu bauen und sich kostümiert am Umzug zu beteiligen. Bereits bei der Planung fiel eine reifere Jungfrau auf, weil sie an jedem Vorschlag etwas

auszusetzen hatte. Trotzdem kam man zu dem Mehrheitsbeschluss, der Wagen solle einen Märchenwald darstellen, und die Kostüme der Akteure sollten sich an Figuren aus dem Bereich der Volksmärchen orientieren, die Kinder könnten ein Rotkäppchen-Kostüm anziehen oder sich als Zwerge von Schneewittchen verkleiden; die Damen könnten in die Rolle der Goldmarie oder der Prinzessin auf der Erbse schlüpfen, während die Herren der Schöpfung als Jäger, Zauberer oder Wolf die Karnevalsgruppe bereichern könnten. Mit dem Bau des Wagens wurde auch zügig begonnen, doch immer, wenn die besagte reifere Jungfrau auftauchte, waren sehr kritische Töne zu hören. Die Farben für den Wagenanstrich waren viel zu grell, für einen gelungenen Wagen müsse man blasse Pastelltöne verwenden, der Aufbau des Wagens sei viel zu hoch geraten, die Zuschauer könnten überhaupt nicht lesen, was auf den Wänden geschrieben stehe. Auf diese Art kann man sich recht schnell unbeliebt machen. Immer, wenn diese Xanthippe am Bauplatz des Wagens auftauchte, fingen alle an zu arbeiten, damit sie in kein Gespräch mit ihr verwickelt wurden.
Die letzten Arbeiten am Wagen hatten begonnen, und der Märchenwald wurde noch ansprechend geschmückt, vorne am Dach des Wagens sollte noch eine Figur angebracht werden, aber man wusste nicht so recht welche. Da wusste unser spätes Fräulein sofort einen guten Rat, sie wollte sich von ihrer Mutter eine gebastelte Figur ausleihen, ihre Mutter bastele nämlich Hexen, wie aus einem Munde hörte man den Unkenruf:
„Dat sigt mer!“ (Das sieht man!)

38. Nicht auf den Mund gefallen

Es war schon recht häufig von den Vorzügen unserer Region die Rede, die Schattenseiten sollen auch nicht verschwiegen werden. Die kriminelle Energie wird im Menschen erzeugt, seine Herkunft spielt dabei keine besondere Rolle, ob er diese Energie aber frei über ihn walten lässt oder nicht, kann jedoch davon abhängen, ob er in einem behüteten Umfeld beheimatet ist oder sich im

Schutz der Massen bewegt. Die Dorfgemeinschaften auf dem Lande übten schon immer die soziale Kontrolle aus, mit all ihren guten und schlechten Folgen. Das Ansehen und der Ruf innerhalb der Dorfgemeinschaft wurden von den meisten recht hoch geschätzt, darum wagten sie erst gar nicht in die Nähe einer bösen Tat zu kommen, ihr Ruf wäre auf ewig dahin. Wenn ein Mitbürger straffällig geworden war, wurde er von der Mehrheit der Dorfbewohner gemieden und auf seine kriminelle Vergangenheit hingewiesen, wo es nur möglich war. Doch Dichterfürst Goethe hat bereits erkannt: „Ist der Ruf erst ruiniert, lebt es sich recht ungeniert."
Diese Wahrheit traf auch bei uns zu, denn mancher junge Mann, der durch eine dumme Jugendsünde von allen geächtet wurde, hat es in Verbrecherkreisen später zu ansehnlichem Ruhm gebracht. Um diese Laufbahn jedoch einzuschlagen, mussten sie unsere Gegend verlassen und in den Großstädten zu Werke gehen, wo sie genügend Opfer und Komplizen finden konnten. Es wird von einem jungen Mann aus gutem Hause berichtet, der aus jugendlichem Leichtsinn heraus in der Dorfkneipe fünf Mark von der Theke genommen hatte, weil er die Münze für einen Fund hielt. Die Wirtin brachte den Jungen zur Anzeige, er wurde vor Gericht bestraft, verlor seinen sicheren Arbeitsplatz und musste wegen des Geredes der Leute bereits als siebzehnjähriger Bursche sein Heimatdorf verlassen. In den rheinischen Ballungszentren fand er nur noch eine Beschäftigung im Halbmilieu und glitt in schlechte Kreise ab. Die meiste Zeit seines Lebens hat er im Gefängnis verbracht und wurde im mittleren Alter bereits selbst Opfer eines Raubmordes. Andere junge Männer haben noch die oft zitierte Kurve bekommen und wieder auf den Pfad der Tugend zurück gefunden. Doch es gibt auch bei uns die Aalglatten, jeder durchschaut sie, aber der Nachweis ihrer Schuld gelingt nicht ganz.
Einer aus unserer Gegend von diesem Verschnitt war bereits im Schulalter durch kleinere Diebstähle aufgefallen, aus der Schule hatte er Sachen mit gehen lassen, die nicht niet- und nagelfest waren. Daran anschließend hatte er einen grenzüberschreitenden Handel mit Kaffee und sonstigem Schmuggelgut betrieben und sich durch den Verkauf von Hehlerware einen Namen erworben.

Dabei geriet er zwangsweise in ständige Konflikte mit seinen Nachbarn, die sich von seinen nächtlichen Aktivitäten gestört fühlten. Ein Nachbar hatte ihm den Kampf angesagt, beobachtete ihn genau bei seinen nächtlichen Geschäften und erstattete Strafanzeige. Doch dem Übeltäter konnte keine Schuld nachgewiesen werden, nun hatte der Nachbar aber schlechte Karten. Jeder im Dorf wusste, er hatte fürchterliche Rache seines kriminellen Nachbarn zu erwarten. Der Straftäter wusste schon, wie man so etwas macht; und er gab eine Brandstiftung beim Nachbarn in Auftrag, die von einem Komplizen ausgeführt wurde.
Sofort schlug die Macht des Gesetzes zu und verhaftete den Verdächtigen sowie dessen ganze Familie. Dann begannen im Polizeipräsidium umfangreiche Verhöre, Kreuzverhöre und sonstige Untersuchungen, bis irgendwann ein alter Kommissar dem Verdächtigen eine Falle stellte. Er konfrontierte den jungen Mann mit der angeblichen Aussage seines Vaters. In dieser fingierten Aussage hatte der Vater die Unterstützung seines Sohnes bei der Vorbereitung der Tat bereits gestanden.
Darauf hin antwortete der Nachwuchsverbrecher: „Dann haben sie ja einen Schuldigen gefunden und müssen mich freilassen."

39. Maul gestopft

Man sollte es zwar nicht meinen, doch unterscheiden sich auch die Menschen im Dorf sehr stark voneinander, die einen sind reich, die anderen etwas schwächer betucht, einige halten sich für schön, andere pflegen ihr Äußeres sehr auffällig und wiederum andere geben überhaupt nichts um ihr äußeres Erscheinungsbild. Die Letztgenannten machten in früherer Zeit fast alle eine Karriere als Dorforiginal, sie hoben sich alleine durch ihre Erscheinung, ihre Sprache, Redeform und Verhaltensweisen von der Mehrheit ab. Ich habe mir schon oft die Frage gestellt, warum wir in unseren Tagen kaum noch solche Originale unter uns haben. Wahrscheinlich liegt ein Grund dafür in unser aller Verhalten, denn weicht einer in jungen Jahren schon zu sehr von der allgemein vorherrschenden Meinung ab, wird er sofort zum Außenseiter gestempelt und von vielen gemieden. Weil ein junger Mensch noch keine gefestigte Persönlichkeit entwickeln konnte, ist er zu labil, um die ständige Behandlung als Außenseiter zu ertragen, darum geht er den Weg des geringsten Widerstandes und passt sich an. In dieser Beziehung übten unserer Vorfahren mehr Toleranz gegenüber ihren Mitmenschen, darum haben sich in früherer Zeit auch so viele Originale herausgebildet.

Und trotzdem haben die Menschen von Natur aus unterschiedliche Temperamente, der eine muss zu allem und jedem seinen Senf hinzu geben, der andere ist mehr der Denker und bringt kaum ein Wort über die Lippen, wahrscheinlich braucht unsere Gesellschaft beide Menschentypen, denn eine Menschengruppe die sich immerzu nur anschweigt ist ebenso unvorstellbar wie eine Versammlung, in der alle ständig den Mund aufmachen und durcheinander quatschen.

Besonders auf den Baustellen war in der Vergangenheit zu beobachten, wie die Arbeiter mit dem größten und lautesten Mundwerk das Kommando führten. Also entschied nicht der Verstand sondern das größte und lauteste Organ. Ähnlich ist es noch heut zu Tage an den Theken der Dorfgasthäuser, hier führen immer noch der Lauteste und Frecheste das Wort. Es ist weithin bekannt, welchen geistigen Nährwert die Thekengespräche mit sich bringen, nicht den geringsten. Und dennoch finden sich immer wieder genug Menschen an diesem schönen Ort zusammen, um ein wenig Kurzweil zu finden. Viele Mitmenschen, die sich sonst in keinem Bereich des Lebens so richtig entfalten können, finden an der Theke genügenden Raum zur Selbstdarstellung. Vielleicht hat Johann Wolfgang von Goethe auch an einer Gasthaustheke die Dichterweisheiten entdeckt, dass sich mit Worten vortrefflich streiten lasse und Namen nur Schall und Rauch seien.

Hin und wieder nehmen die Thekenaktivitäten allerdings ein wenig überhand, und der Wirt verliert die Übersicht, dann muss er irgendwie versuchen, das Gespräch wieder auf den normalen Temperamentpegel zurück zu führen. Als eines der vielen Thekengespräche mal wieder zu heiß wurde, versuchte ein Zaungast des Gespräches,

der beim Verteilen der Körpergröße ein wenig zu kurz gekommen war, durch ständiges Rufen nach dem Wirt, noch einen Els (einheimischen Wehrmutschnaps) zu bekommen. Weil der Wirt aber alle Hände voll damit zu tun hatte, die Streithähne auseinander zu bringen, konnte er sich nicht um den Els dieses Mannes kümmern, doch der Quälgeist hielt sich dran.
Plötzlich unterbrach der Wirt seinen Schlichtungsversuch und schrie den kleinen Thekensteher an:
„Du bes et klennst, schre-iß et helltst un drenks et bellist, tä, haste dinge Els." (Du bist der Kleinste, schreist am lautesten und trinkst das Billigste, hier hast du deinen Els.)
Schlagartig kehrte Ruhe ein.

40. Feine Dressurkunst

Nicht nur der Mensch muss im Laufe seines Lebens eine lange Erziehung und Ausbildung durchlaufen, auch viele Nutztiere haben einen ähnlichen langen Weg der Ausbildung und Dressur zu durchlaufen, ehe sie die vom Menschen zugewiesenen Aufgaben erfüllen können. Denken wir an die Ausbildung der Pferde für den Rennsport, das Springreiten und die Dressur, das Bestehen dieser Aufgaben erfordert Jahre lange intensive Arbeit mit den Tieren, ehe sie Wettkampfniveau erreicht haben oder sogar bei den Olympischen Spielen auftreten können. Ähnlich schwierig und langwierig ist die Ausbildung von Blindenhunden, die in der Lage sein müssen, einen blinden Menschen durch eine Großstadt um jedes Hindernis herum zu führen und wieder nach Hause zurück zu bringen. Auch die Haustiere der Bauern und Landwirte mussten ausgebildet werden, das Fohlen lief die erste Zeit neben der Stute über die Weide, später lief es neben dem eingespannten Pferd und anschließend wurde es zusätzlich zu dem großen Pferd vor einen leichten Karren gespannt, ehe es dann irgendwann alleine einen Karren ziehen konnte. Dann folgte die Spezialausbildung, denn ein gutes Arbeitspferd musste in der Lage sein, einen Pflug so genau geradeaus zu ziehen, damit er nicht aus der Furche geriet. Das Ziehen eines

Aus das musste eingeübt werden: Die Karre ziehen unter dem in Essig getränkten Fliegennetz. Am Hohen Venn um 1940.

Pflanzgerätes für die Kartoffeln erforderte eine noch größere Präzision. Das Fohlen wuchs heran und in seine künftige Aufgabe hinein. Dieses Heranführen eines Pferdes war allerdings nicht jedermanns Sache, das musste schon ein erfahrener und feinfühliger Fuhrmann sein, der mit den Eigenarten eines heranwachsenden Fohlens bestens vertraut war, er durfte das Tier weder unterfordern noch überfordern, er musste eine Kunst beherrschen. Die Ausbildung des Hofhundes war zwar weniger schwierig, verlangte aber auch eine gute Portion Fingerspitzengefühl. Denn der Hund hatte lediglich die Aufgabe, das Herannahen einer Person oder eines Tieres durch lautes Bellen anzumelden und einen ungebetenen Gast notfalls durch sein Bellen oder einen beherzten Biss zur Umkehr zu veranlassen. Weil in unserer Gegend die Milchwirtschaft fast ausschließlich durch die Haltung von Rindern betrieben wurde, wurde kein Schäferhund gebraucht und dem Hund die Aufgaben eines Schutz- oder Spürhundes normalerweise nicht abver-

langt, es wird jedoch von einigen Bauern berichtet, die ihren Schäferhund zu einem Kampfmittel abgerichtet hatten, um sich in der Dorfgemeinschaft einen größeren Respekt zu verschaffen. Das richtige Heranziehen einer guten Milchkuh verlangte dem Bauern ebenfalls das richtige Händchen ab. Das Kalb musste mit den richtigen Futtermitteln in angemessener Dosis gefüttert und bewegt werden, damit es später nach der Geburt des ersten Kalbes eine möglichst große Menge hochwertiger Milch von sich gab. Zu dieser Aufzucht des Kälbchens gehörte auch die Vermittlung einer gewissen Spurtreue, wenn das Tier über die Straße auf die Weide getrieben wurde. Die einjährigen Jungtiere, die erstmals aus dem Stall kamen und auf die Weide getrieben wurden, glichen in ihrem Verhalten oft einer Wildkatze, wenn sie über die Straße hin und her liefen sowie über Hecken und Zäune sprangen. Dann mussten sie irgendwie beruhigt werden, am besten durch das Vorbild eines Muttertieres, das langsam und beharrlich seinen Weg zur Weide nahm. Irgendwann hatten die Jungtiere diesen Dreh heraus und fügten sich harmonisch in die Herde der anderen Kühe ein.
Doch irgendwann war die Kuh eines Bauern in den zweiten Frühling gekommen oder hatte eine sonstige tierische Krise erreicht, denn als sie mit den anderen Kühen zusammen von der Weide nach Hause getrieben wurde, ging sie wie von Geisterhand geführt, in den Stall eines fremden Hauses hinein und blieb dort stehen.
Es bedurfte schon einigen guten Zuredens, ehe das Hornvieh wieder bereit war, den fremden Stall zu verlassen.
Das wiederholte sich in den nächsten Tagen immer wieder, der Bauer war gefordert, hier Abhilfe zu schaffen. Er versuchte, das Tier weit vor seinem neuen Lieblingsstall schon auf die andere Straßenseite zu drängen, doch das Rindvieh konnte es nicht lassen und lief immer wieder in den falschen Stall.
Wer die früheren Erziehungsmethoden des kleinen Mannes kennt, der weiß, was der Bauer nun tun musste.
Am folgenden Abend stellte er sich, bewaffnet mit einem Zaunpfahl, in den neuen Lieblingsstall seiner Kuh, und als die Kuh den Stall betreten will, versetzt er der Kuh mit dem Zaunpfahl einen heftigen Schlag zwischen ihre Hörner, dass sie sofort, von einem

lauten Schmerzschrei begleitet, zurück springt und wieder auf die Straße läuft.
Als die Kuh am darauf folgenden Tag an ihrem bisherigen Lieblingsstall vorbeikommt, richtet sie den Blick demonstrativ in die anderer Richtung, und der Bauer fühlte sich in seinen Erziehungsmethoden bestätigt, was ihm auch den lautstarken Respekt der Nachbarn einbrachte.

41. Billiges Lockmittel

Das waren schon ganz feine Erziehungsmethoden, mit denen unsere Vorfahren Menschen und Tiere erzogen haben, nur wenige Leute gingen ruhig und bedächtig ans Werk, die meisten kannten nur die Brechstange als Werkzeug. Was nicht auf dem normalen Weg zu bewerkstelligen war, wurde so lange mit Gewalt behandelt, bis der beabsichtigte Erfolg in etwa erreicht war. Viele kennen das noch aus der Schule, wenn die Kinder beim Kopfrechnen dem Lehrer nicht die erwarteten Ergebnisse nennen konnten, erhielten sie einige Schläge auf den Hinterkopf, wodurch nach Meinung der Lehrer die Denkkraft erhöht wurde. Legte ein Kind bei der Arbeit auf dem Feld nicht die Leistungsbereitschaft an den Tag, welche die Eltern haben wollten, gab es sofort Prügel mit einem bereit liegenden Stock.
Die Tierdressur oder das, was man dafür hielt, wurde von vielen Leuten nur mit der Peitsche ausgeübt. Lief das Tier nicht mitten auf dem Weg, erhielt es an der abweichenden Seite einen Schlag mit der Peitsche, ging es zu langsam, half der Treiber mit einigen Fußtritten nach, und wenn das Tier zu schnell lief, schlug der Dresseur mit einem Stock zwischen die Hörner, um das Tier wieder zum Stehen zu bringen. Damals hatten die meisten Leute einen Ochsen oder eine Fahrkuh als Zugtier in Betrieb, und diese Tiere konnten von Natur aus nicht die Leistung eines Pferdes entfalten, was die Besitzer aber nicht im geringsten interessierte. Hatte der Fuhrmann das Tier den ganzen Tag gehetzt, dann legte das Rindvieh sich plötzlich auf den Boden, um neue Kräfte zu sammeln.

Auch diese Zugtiere mussten ständig zur Arbeit animiert werden

Bild aus: Kreisverwaltung Daun (Hrsg.): Kreis Daun - Bilder aus vergangenen Tagen, Meinerzhagen 1985, S. 135

Nicht selten fasste der Fuhrmann dieses Verhalten des Tieres aber als Streik und Widerspenstigkeit auf, dann drosch er so lange auf dem armen Tier herum, bis es sich wieder auf seine wackeligen Beine stellte. Eine andere beliebte Methode, um ein liegendes Tier wieder auf die Beine zu bringen war die sogenannte Biene. Das war ein Knüppel, ein Meter lang, durch dessen unteres Ende einige Nägel geschlagen waren, so dass die Nagelspitzen heraus ragten. Jeder Schlag mit diesem Knüppel stach das Tier so wie eine Biene. Eine andere Methode, die bei der Züchtigung der Zugtiere angewandt wurde, war die Entfachung eines Feuers unter dem Tier. Lag der Ochse wieder mal wegen Erschöpfung am Boden, rupfte der Treiber ein wenig Gras aus und drückte das Gras unter das Tier. Dann zündete er das Gras an, sobald das Tier den Schmerz der Verbrennung spürte, sprang es auf und war wieder als Zugtier zu gebrauchen.

Eine Bauernfamilie war mit ihrem Ochsengespann in die Niederungen der Rur gefahren, um dort das magere Auenheu aufzuladen

und nach Hause zu bringen. Auf einem steilen Weg in Richtung Heimat war das Tier auf einmal erschöpft und sackte zusammen. Alle Schläge nutzten nichts, und der Fuhrmann hatte keine Streichhölzer bei sich. Nach langem erfolglosem Herumprügeln auf dem Tier kam der Frau ein Gedanke, sie zeigte dem Tier ein Stück Brot und lockte es damit wieder einige Meter nach vorne, und um die Kräfte des Tieres wieder ein wenig zu mobilisieren, fütterte sie das Tier mit dem Brot. Doch nach einigen Metern war wieder Schluss, und das Rindvieh lag wieder dar nieder.
Was jetzt? Die Biene war nicht verfügbar, es konnte kein Feuer gemacht werden und das Brot war auch schon verfüttert. Also schlug der Mann wieder mit dem Stock auf dem Tier herum. Nach einer Weile hatte die Frau ein Erbarmen mit dem Ochsen und fuhr ihren Mann an, er solle das Tier nicht mehr schlagen. Der Mann, mittlerweile in äußerster Rage, schrie seine Frau an, ob sie denn eine bessere Methode kenne, um den Ochsen wieder zum Laufen zu bringen. Das wusste sie auch nicht, aber sie bestand darauf, das Tier nicht mehr zu schlagen. In seiner Wut schrie der Mann: „Marie, loss ens ene fleeje, da rüscht dat Deer Bruet, vielleicht lööft et da weer“ (Maria, lass mal einen fliegen, dann merkt das Tier den Brotgeruch, vielleicht läuft es dann wieder.)

42. Böse Nachhilfe

Die Leute in der guten alten Zeit hatten schon ein entbehrungsreiches Leben, aber den Tieren erging es noch viel schlechter. Neben der vielen Arbeit und der ständigen Misshandlung wurden sie auch nur mäßig gefüttert. Denn das heute bekannte Kraftfutter war damals noch ein Fremdwort, und woher hätten die Leute das Geld für dieses teure Futter nehmen sollen? Pferde wie Rinder wurden ausschließlich mit Heu und ein wenig Hafer gefüttert, den Rest musste die Peitsche besorgen, darum sahen die Tiere noch abgemagerter aus als die Menschen.
Viele Menschen hier zu Lande verwenden heute noch diesen Hinweis, sofern man ihnen eine Diät verordnen will. Sie werfen den

Auch sie könnten mehr Futter vertragen.

Vergleich in die Schale: „Wenn ein Pferd arbeiten soll, dann reicht die Peitsche alleine nicht!"
Die Ochsen wurden wegen ihrer schlechten Leistung häufig verkauft, und ein neuer angeschafft. Hatte der Bauer durch einen solchen Handel ein noch schlechteres Tier erwischt, ließ er seinen ganzen Ärger an dem armen Tier aus. Die Kinder hatten nichts dagegen, denn die Schläge, die das Tier bekam, brauchten sie nicht über sich ergehen zu lassen. Dem Tier wurde bei knappem Futter alles abverlangt, das konnte natürlich nicht lange gut gehen, doch dieses Einsehen hatten manche Leute nicht. Selbstverständlich gab es viele Bauern, die ihr Vieh und vor allem ihr Zugtier hegten und pflegten, aber das konnten sich meist nur die besser Gestellten leisten. Die armen Leute mussten selbst überleben, sie konnten keine Rücksicht auf ein Tier nehmen.
Ein Bauer hatte es mal geschafft, seinen Ochsen zu verkaufen und ein wesentlich leistungsfähigeres Pferd zu erstehen. Das war der Durchbruch, so dachte er, ab jetzt ginge alles viel schneller und besser. Das traf für die ersten Wochen auch zu, doch als das Pferd seine Reserven aufgebraucht hatte, ließ auch seine Leistung nach.

Eine gewisse Zeit lang, konnte die Peitsche einen geringen Ausgleich bringen, doch irgendwann war auch das vorbei. Da der Bauer zu arm war, um das passende Futter zu beschaffen, verlor das Pferd immer weiter an Gewicht und sah bald aus wie ein klapperiges Knochengerüst. Wenn es auf der Weide stand, fütterten die Nachbarskinder ihm schon al ein wenig Hafer oder ein Stück Brot, doch das reichte bei weitem nicht. Nachdem der Bauer sein Zugtier immer weiter rücksichtslos ausgebeutet hatte, wurde das Ross zu allem Übel auch noch krank. Tierärztliche Behandlung war noch unbekannt und wäre wegen der finanziellen Not ohnehin nicht in Betracht gekommen. Also dämmerte das arme Tier auf der Hauswiese vor sich hin. Die Nachbarsfrau hatte Mitleid mit dem Pferd und brachte ihm Brot, etwas Hafer und Gemüseabfälle, damit es wieder zu Kräften kommen konnte. Doch es nutzte nichts mehr, als sie eines Tages das Pferd ein wenig streichelte, fiel es um und begann zu röcheln. Sofort lief sie zu dem Besitzer ihm Haus und erzählte ihm, was passiert war. Doch der behauptete rotzig frech, wenn sein gutes Pferd umgefallen sei, dann habe die Frau es auch umgeworfen!

43. Not

Von der Not war schon oft die Rede und auch von den Streitigkeiten unter den Menschen. Man soll zwar annehmen arme Leute würden einander nichts neiden, weil nichts da ist, doch wenn die Not überhand nimmt, kann der Hass zwischen den Leuten entflammen.

In einem unserer Dörfer lebte eine kinderreiche Familie neben einem älteren Ehepaar, denen der Kindersegen versagt geblieben war. Weil die kinderreiche Familie das karge Einkommen durch die vielen Personen teilen musste, ging es diesen Menschen schlechter als den kinderlosen Eheleuten, bei denen es nur für zwei Personen reichen musste. Das blieb auch so, bis die Eheleute älter und körperlich gebrechlich wurden, sie schafften die Arbeit nicht mehr alleine und brauchten Hilfe, sie wurden noch ärmer als die Nachbarfamilie. Die Nachbarskinder hätten ihnen schon geholfen,

doch mit der Entlohnung klappte das nicht richtig, der Geiz hielt die Kasse in den Händen.
Die kinderreiche Familie brauchte nach wie vor jede Hand bei der schweren Arbeit in Feld, Wald und Venn. Im Feld musste das Heu getrocknet sowie die Kartoffeln gesetzt und geerntet werden, aus dem Wald wurde das nötige Brennholz geholt und im Venn musste der Torf gestochen werden, der als Kohleersatz diente. Weil der Mann das allein mit seiner Frau nicht mehr leisten konnte und keine Hilfe fand, musste er sich etwas einfallen lassen.
Durch seinen Geiz war er mit seinen Nachbarn in Streit geraten, die Kinder durften ihm nicht mehr helfen, ansonsten bezogen sie Prügel von ihrem Vater. Doch weil bei ihnen trotz aller Mühe ständig Schmalhans Küchenmeister war, hatten sie natürlich auch ständig Hunger. Das nutzte ihr Nachbar aus und lockte sie immer wieder mit Butterbroten an, damit sie bei ihm arbeiteten.
Der Vater hatte das mit der Zeit herausbekommen und seine Zwangsmaßnahmen gegen die Kinder verschärft.
Der Streit zwischen diesen beiden Familien ist folgendermaßen ausgeartet. Die Familie kam vollzählig ausgehungert von der Feldarbeit nach Hause und wusste was sie zu Hause erwartete, nämlich ein sehr karges Abendessen. Da tritt der Nachbarsmann auf die Straße und hält den ausgehungerten Kindern ein Butterbrot hin. Hätten sie es genommen, was natürlich gewesen wäre, hätten sie Prügel bekommen. Nahmen sie es nicht, mussten sie weiter hungern.
Trotz der Drohungen ihres Vaters hat eines der Kinder das Butterbrot angenommen.
Dem folgte nicht etwa die erwartete Tracht Prügel, sondern Vater und Mutter gingen weinend nach Hause und sahen ihre Hilflosigkeit ein.

44. Angst vor schwarzer Frau?

Über das hiesige Brauchtum ist schon viel geschrieben worden, doch sind noch lange nicht alle Bräuche schriftlich erfasst. Ein rustikaler Brauch in der Nordeifel war für die Kinder die Feier

des Wehrhahnfeuers. Dieses „Feuerfest“ fand am ersten Sonntag nach Fastnacht statt und verfolgte als eigentlichen Zweck die Verbrennung des Winters, der in früheren Jahren hier oberhalb von 600 Metern über NN sehr kalt, schneereich und langwierig ausfiel. Bereits gegen Ende Oktober waren die ersten Schneeschauer nichts Außergewöhnliches, sie brachten uns genügend Schnee bis in den Mai des folgenden Jahres hinein. Dabei fiel der Sommer oft genug der Kälte und dem Regen zum Opfer, darum hatten die Menschen im März häufig die Nase gestrichen voll vom Winter und seinen unangenehmen Begleiterscheinungen. Wahrscheinlich hat sich dieser Brauch aus dem Wunsch heraus gebildet, den Einzug des Frühlings durch ein großes Feuer vorzubereiten.
Der Tag lief folgendermaßen ab: Nach dem Mittagessen versammelten die Jungen der einzelnen Dorfregionen sich mit einigen Karren ausgerüstet an einem zentralen Punkt. Sie gingen zu einem Ende ihres Dorfviertels und begannen am ersten Haus das Wehrhahnslied auf Plattdeutsch zu singen. Die hochdeutsche Übersetzung lautet wie folgt: Wehrhahn, abwehrender Biss, Rüben und Möhren wachsen bald.
(Wenn wir was kriegen) wachsen euch Möhren wie ein Kirchturm und Rüben wie ein Backofen.
War der Bauer mit dem Gesang zufrieden, schenkte er den Kindern eine oder mehrere Garben Stroh, die sie auf ihre Karren luden und mitnahmen. Der Weg führte sie von Haus zu Haus, einige Bauern machten sich einen Spaß daraus, die Kinder möglichst lange und laut singen zu lassen, bis sie das Stroh herausrückten. Waren alle Karren voll, brachten die Jungen das Stroh an einen hochgelegenen Platz im Feld und stellten Wachen dazu, damit keine Frevler das Feuer vor Einbruch der Dunkelheit schon anzündeten und ihnen den Spaß verdarben. Unablässig fuhren sie dann wieder weiter durch die Straßen von Haus zu Haus und sammelten mit ihrem Gesang Stroh und Heu für das abendliche Wehrhahnfeuer. Wenn die Dunkelheit Einzug genommen hatte, durften die ältesten Jungen das Feuer anzünden, dann sprangen die Kinder laut singend um das Feuer herum, die aus der Ferne zuschauenden Erwachsenen hatten ebenfalls ihre Freude daran. Das Feuer war für alle eine

gelungene Abwechslung im ansonsten vorherrschenden täglichen Einerlei.
Doch eines Tages in den sechziger Jahren war eine ältere Frau nicht mit dem ausgewählten Feuerplatz einverstanden, obwohl er genügend weit von den Häusern entfernt lag, hatte sie angeblich Angst davor, ihr ein Kilometer entferntes Haus könnte Feuer fangen und abbrennen. Das war natürlich nur vorgeschoben, in Wirklichkeit missgönnte sie den Jungen nur ihren Spaß. Trotz mehrerer Beschwichtigungsversuche blieb sie bei ihrem Gemecker, jedes Mal, wenn die Kinder mit einer vollbeladenen Karre an ihrem Haus singend zur Feuerstelle zogen, schimpfte sie aus Leibeskräften. Heut zu Tage würde dieses Missfallen der Polizei per Anruf mitgeteilt, damit sie das regelt, doch damals war diese Form der Unmutsäußerung noch nicht geläufig.

Jungen aus der Venn-Gegend beim Strohsammeln für das Wehrhahnfeuer 1965

Mit ihrem Schimpfen hatte die Frau sich natürlich den Zorn der Kinder eingefangen, die auf Rache sannen.
Als es dunkel geworden war, schlichen sich einige Jungen an ihre Fenster, klopften an die Scheibe und versteckten sich schnell hinter einer Hecke. Das nannte man damals „ein Tippmännchen machen". Die Jungen legten es darauf an, dass die Frau ihnen vor lautet Ärger nachlaufen würde. Obwohl sie einige Male das Tippmännchen wiederholen mussten, hatten sie schließlich Erfolg und die Frau kam aus dem Haus und lief ihnen laut schimpfend hinterher. Unter den Jungen war abgemacht, wenn die Frau in Ansturm war, sollte sofort das Feuer entzündet werden, und so geschah es auch. Denn die Frau traute sich nicht so nahe an das Höllenfeuer, sie hielt sich in mäßigem Abstand und wartete, bis das Strohfeuer erlosch. Zwischendurch verschwand sie immer ein wenig aus dem Licht, damit die Jungen sich in Sicherheit wähnen sollten, sie wäre bereits wieder nach Hause gegangen, doch die Jungen behielten sie ständig im Auge.
Das Feuer war ein wenig kleiner geworden und am Rand hatte sich bereits ein Aschering gebildet, ein Junge sammelte ein wenig von dieser Asche, steckte sie in seine Mütze und schlich sich im Schutz der Dunkelheit an die wartende Dame heran. Er hatte den Überraschungseffekt auf seiner Seite, als er der Frau von hinten die Asche durch das Gesicht reiben konnte. Das brachte sie natürlich zum Überkochen, sie lief auf das Feuer zu, beschimpfte die Kinder und wollte sie verprügeln. Die Kinder gaukelten ihr entsetzliche Angst vor, darum liefen sie in Richtung Hauptstraße, von wo aus viele ihrer Eltern das Feuer betrachteten. Dort angekommen, riefen die Kinder der wartenden Menge zu: „Eine schwarze Frau ist hinter uns her!" Doch als die schwarze Frau ins Licht der Straßenlaternen kam und die älteren Leute sie erkannten, zog sie den Zorn der Menge auf sich, die sie nach Hause jagte. Nun konnten die Kinder in Ruhe beim Feuer bleiben, bis es erlosch.

45. Mäßige Pflichterfüllung

Ein bedeutender Unterschied zwischen den Menschen aus der Stadt und den hiesigen besteht wohl in der persönlichen Flexibilität, der Städter hat fast alle Einkaufsmöglichkeiten sowie Dienstleistungen vor der Haustür und kann sich dort bedienen bzw. bedienen lassen.
Sie haben schon von den Handwerkern auf dem Land gelesen, die aus der Lage heraus mehrere Tätigkeiten parallel ausüben müssen. Aber auch alle sonstigen Leute sind an die mangelnde Infrastruktur in ihrem Dorf genau so gewöhnt wie an das Fehlen von Kino, Theater und Amüsiermeilen. Irgendwie schaffen es die Menschen hier, ihre Bedürfnisse mit den vorhandenen Möglichkeiten in Einklang zu bringen und leben eher besser als die Leute in den Städten.
Das fehlende Kino wird durch gezielte Filmabende im Dorfgemeinschaftshaus ersetzt, das Theaterspiel übernimmt ein örtlicher Verein, dessen Darbietungen stets eine große Resonanz erfahren. Die Stimmung in unseren Tanzsälen ist unbeschreiblich und für den meisten Fremden völlig unbekannt. Eine U-Bahn sucht man hier vergeblich und ein Taxi ist immer noch Mangelware, die Busse schaffen einige Male täglich Verbindung in die nächste Stadt. Die Distanz von Dorf zu Dorf kann meist nur mit dem Pkw, Fahrrad oder eben zu Fuß überwunden werden, also schaffen die Menschen sich Fahrgemeinschaften oder sonstige Mitfahrgelegenheiten, um diese Schwierigkeiten zu überwinden. In kleinen abgelegenen Ortschaften Ostbelgiens werden notwendige Aufgaben eben dem Briefträger übertragen, er ist motorisiert und kommt jeden Tag aus der nahegelegenen Stadt, dort beschafft er einzelne Waren für die Menschen, nimmt die Schuhe mit zum Schuster und bringt sie wieder zurück. Es ist eben alles eine Frage der Organisation, und diese Organisationsaufgabe lernen die Kinder hier bereits ab dem Kindergartenalter kennen. Durch den Mangel an Infrastruktur entstehen auch Freiräume, die den Leuten erst die Möglichkeit bieten, ihre Kreativität zu entfalten.

Das war in alten Zeiten noch recht abenteuerlich, denn kam ein Viehhandel über die Regionalpresse zu Stande, folgte ein Briefwechsel in dem beide Seiten sich auf den Kaufpreis des Tieres sowie den Übergabeort und -zeitpunkt an einem markanten Punkt zwischen den Orten einigte. Zum vereinbarten Termin gingen dann beide Seiten zu Fuß zum Treffpunkt, der Eine brachte das Tier, der Andere bezahlte bar und nahm es an der Leine mit nach Hause. Der Viehhändler hätte auch damals das Tier bis zum Haus des Käufers gebracht, aber durch die beschriebene Absprache konnten beide Seiten die Gewinnspanne des Händlers einsparen.

Sie hatten es da schon besser: Junges motorisiertes Paar um 1935

Bei Verkauf eines Tieres mögen solche Lösungen noch akzeptabel erscheinen, doch im zwischenmenschlichen Miteinander ging es nicht anders zu.
Hatte ein junger Mann das Herz eines Mädchens aus einem anderen Ort erobert, dann hatten beide selbstverständlich den Wunsch, sich am Wochenende zu treffen. Mangels Busverbindung und Pkw suchten die jungen Leute nach Möglichkeiten, wie sie dem Sonntagnachmittag möglichst viel gemeinsame Zeit abringen konnten. Beide bereiteten an den Werktagen schon einiges vor, damit sie am Sonntag so früh wie möglich abkömmlich waren. Das Mädchen ging dem Jungen bereits ein weites Stück entgegen, dann konnten sie den restlichen Weg bis zum Haus des Mädchens zusammen gehen und hatten diese Zeit füreinander gewonnen.
Doch gab es auch damals schon junge Männer, die heute das Etikett „Macho“ verdient hätten. Mir ist von einem Mann berichtet worden, der auf dem Simmerather Viehmarkt eine junge Frau aus dem Nachbarort kennen gelernt hatte. Bereits bei diesem ersten Treffen vereinbarten sie, sich am folgenden Sonntag an einem Steg zwischen den beiden Orten zu treffen. Dieses Treffen kam auch zu Stande, und der junge Mann hatte den Wunsch, seine Freundin den Eltern vorzustellen, also gingen beide zusammen zu den Eltern des jungen Mannes. Das Problem des Tages schien auf den Mann erst am Abend zu warten, denn das Mädchen nach Hause bringen und den ganzen weiten Weg noch mal zurück gehen, das konnte er nicht, selbst die jungen und zarten Bande der neuen Liebe konnten ihn nicht zu diesem Gewaltmarsch bewegen. Wie selbstverständlich ging er abends zusammen mit seiner Freundin in Richtung Nachbardorf, auf der Höhe zwischen den Dörfern angekommen, fragte er das Mädchen, ob man von dort aus ihr Elternhaus schon sehen könne, gerne zeigte das Mädchen ihm ihr Elternhaus am fernen Horizont. Dann meinte der junge Mann, sie könne doch jetzt ihr Elternhaus erkennen, dann finde sie den Heimweg auch alleine. Er drehte sich auf der Stelle um und ging wieder nach Hause.

46. Falsches Koma

Dem Rheinländer sagt man innerhalb Deutschlands nach, er sei weniger korrekt als andere deutschen Landsmänner und lasse zu schnell fünfe gerade sein. Gewiss haben wir zur Zeit der französischen Besatzung mehr als andere deutschen Landsmänner Bekanntschaft mit der französischen Lebensweise gemacht und uns sehr viel positive Elemente davon zu eigen gemacht. Davon zeugen heute noch die vielen französischen Worte, die in unserem Dialekt Aufnahme gefunden haben. Die Zimmerdecke heißt bei uns „Plavong", der Schirm „Paraplü" und der Senf „Mostert". Unsere Sprechweise ist langsam und bedächtig, die Worte werden nicht gesprochen sondern gesungen, daraus spricht viel Gemütlichkeit, wie wir es aus der französischen Lebensweise kennen. Ein gemütlicher Mensch weiß, wie man am besten lebt und dazu gehört eine gehörige Portion Humor im alltäglichen Leben. Es sind weniger einige spektakuläre Aktionen, die dafür veranstaltet werden, sondern oft ein ganz feinsinniger Humor der uns den Alltag versüßt.
Unsere Vorfahren hatten für diese humorvolle Entfaltung des Lebens noch mehr Sinn und Zeit, als wir das kennen. Die Bediensteten eines Bahnhofes an der Vennbahnstrecke waren für ihre Späße bekannt, und machten fast wöchentlich einen Spaß, bei dem die Leute der Umgebung mit lachen konnten. Mitmenschen, denen ein Missgeschick passiert war, wurden durch ein abendliches Gesangsständchen oder durch ein früh morgens an deren Wohnhaus aufgehängtes Schild mit einem lustigen Kommentar geehrt. Dafür wurden sie oft von anderen Nutznießern mit einer Flasche Schnaps belohnt. Aber auch untereinander spielten sie sich Streiche, wo es eben möglich war; ein Kollege ging in der Mittagspause zur Ehefrau seines Mitstreiters, bestellte ihr einen schönen Gruß von Ihrem Ehemann, er müsse heute länger arbeiten und bitte darum, ihm einige reichlich belegte Butterbrote sowie eine Flasche voller Kaffee mitzugeben. Die treusorgende Ehefrau kam diesem

Wunsch auch nach, die ganze Arbeitsgruppe machte sich mit dieser Zusatzverpflegung einen schönen Nachmittag. Volle Schnapsflaschen wurden geleert, und um die Tat zu verschleiern, wieder mit Wasser aufgefüllt.
Während eines nur mäßig warmen Sommers, hatte einer der Kollegen mehrere Fuhren Heu im Feld trocknen können und musste sie wegen schlechter Wetteraussichten schnellstmöglich unter Dach bringen. Darum meldete er sich am folgenden Tag kurzerhand krank und arbeitete an seinem Heu. Doch seine Kollegen rochen den Braten und konnten nicht umhin, ihm einen Streich zu spielen. Sie legten sich nachmittags auf die Lauer und sahen, wie ihr kranker Kollege mit einer Fuhre Heu vom Feld kommend in seiner Scheune einkehrte. Sie blieben noch ein wenig in der Deckung, denn sie hatten die Absicht, ihn beim Entladen der Karre auf frischer Tat zu ertappen. Als sie auf sein Haus zugingen, hatte der Sohn des Kranken sie erkannt und den Vater rechtzeitig warnen

Zugunglück auf der Venn-Bahnlinie um 1925

können. Der lief, so schnell er konnte, ins Schlafzimmer warf sich mit Kleidung und Schuhen ins Bett und zog die Decke über sich. Inzwischen hatten die Kollegen sein Haus erreicht und meldeten sich bei der Ehefrau mit der Absicht, den Kranken besuchen zu wollen. Ihr blieb keine andere Wahl, als die Kollegen in das Krankenzimmer zu führen. Die Kollegen gingen sehr ruhigen Fußes in das Krankenzimmer und schauten den schlafenden Kranken nur stumm und betroffen an. Schließlich sprach einer den Schwerkranken an, der sich nur noch mit einem Schmerzschrei äußern konnte. Ein anderer Kollege stellte die Frage, ob der Kranke sie noch erkenne. Nach einigen Wehlauten wurde die geistige Verwirrtheit des Sterbenden deutlich, er hielt den Fragenden für den Pfarrer, der ihm die Sterbesakramente spenden wollte, und antwortete nach weiteren Scherzlauten logischerweise: „Ja Herr Pastor, in Demut und Reue bekenne ich meine Sünden." Ein Kollege schrie sofort: „Das hast du auch nötig!" riss ihm die Bettdecke herunter und der Schwindel flog auf. Die Kollegen haben ihn deshalb nicht etwa beim Dienstherren angeschwärzt, sondern mit dem Opfer dessen schnelle Genesung bis tief in die Nacht hinein gefeiert.

Berthold Thoma, Texte
Manfred Hilgers, Fotos

Ich möchte Dir was sagen

Menschen und Landschaften der Eifel

Gedankenvolle Texte mit begleitenden Fotos

Dieses schön gestaltene Geschenkbändchen soll helfen, mal abzuschalten und über einige Themen des Lebens kurz nachzudenken. Die Texte werden begleitet durch wunderschöne Eifelaufnahmen des bekannten Fotografen Manfred Hilgers.

68 Seiten,durchgängig vierfarbig, fest gebunden

€ 10,12

Berthold Thoma

Mal knüppelhart, mal butterweich

Szenen aus dem Dorfleben der Eifel

Die Geschichten schildern Begebenheiten, die sich tatsächlich hier in den Dörfern der Eifel zugetragen haben. Sie können miterleben, wie die hiesige Bevölkerung in den verschiedenen Situationen reagiert hat. Bei einigen Geschichten werden Sie lachen können, bei anderen nur schwer glauben, dass es so etwas gibt. Da ist es auch nicht schlimm, wenn schon mal etwas schief geht, denn aus diesen Geschichten entsteht die Würze, die unser Leben dringend braucht.
Schauen Sie also nun der Eifeler Bevölkerung über die Schulter.

128 Seiten, div. Bilder, fest gebunden

€ 13,70

Regionalliteratur im Helios-Verlag (Auswahl)

auer: Trierische Schimpfwörter - ein Wörterbuch für Schwätzer on Dielebradscheler, M 18,50
remer: Das lachende Eifeldorf - Schnurren und Schwänke, DM 24,—
ange: Küche, Kinder, Kirche - Aus dem Leben der Frauen in der Eifel, DM 39,80
ange: Alt-Eifeler Küche Band I Kochen, DM 39,80
ange: Alt-Eifeler Küche Band II Backen, DM 39,80
ange: Steht die Sonne auf Stippen ... - Eifeler Bauernregeln und volkskundlicher etterglauben, DM 39,80
ange: Die Jahreszeiten - Eine literarische Reise durch die Eifel, DM 19,80
chröder: Brauchtumslandschaft Eifel Band I - Bräuche und Feste im Jahreskreis, M 39,80
chröder: Brauchtumslandschaft Eifel Band II - Feiern, Feste und Bräuche in Haus d Familie, DM 39,80
chröder: Brauchtumslandschaft Eifel Band III - Volksfrömmigkeit früher und heute, M 39,80
chröder: Von Kesselflickern, Kalkbrennern und Korbmachern - Handwerk und ewerbe im alten Eifeldorf, DM 39,80
chröder: von Kurbeln, Kesselhaken und Kappessteinen - Ländliches Leen und haffen im alten Eifeldorf, DM 39,80
agner: Geister, Grafen und Ganoven - Sagen, Legenden aus dem Moselland, M 32,—
agner: Da lacht die Eifel - Schnurren, Schwänke, Schmunzelgeschichten, M 24,80
agner: Sonne, Mond und Sterne - Die schönsten Märchen der Eifel, DM 39,80
rber: Vulkaneifelheimat - Bilder aus dem Kreis Daun von 1900-1950, DM 48,—
rber: De Pann opp de Desch - Anekdoten aus der Vulkaneifel, DM 32,50
häfer: Humor in der Nordeifel - Bemerkenswerte Begebenheiten, DM 24,80
onrads: Vergessenes Land - Wiederentdeckte Eifel-Fotos von Joseph Jeiter, M 48,—
ein: Sagen und Legenden von der Ahr bis zur Mosel, DM 39,80
rammer: Hornissen im Winter - Erinnerungen einer Eiflerin, DM 21,50
rmanns: Verse, die mein Leben schrieb, DM 24,80
ürger: Henker, Schinder und Ganoven - Unbekannte Kriminalfälle aus der Eifel des . Jahrhunderts, DM 39,80
irger: Henker, Schinder und Ganoven Teil II - Neuigkeiten zur Kriminalgeschichte der fel des 18. und 19. Jahrhunderts, DM 39,80
irger: Die Guillotine im Schatten des Domes - Zur Kriminalgeschichte Köln in der anzosenzeit (1794-1814), DM 43,08
nsen: Auf den Spuren des Westwalls - Entdeckungen entlang einer fast vergesse-n Wehranlage, DM 58,—
acht: Abschied von der Heimat - Die Eifeler Auswanderung nach Amerika im 19. hrhundert, DM 48,—
acht: Vulkane, Quellen und Götter der Eifel, DM 44,80
hiffer: Hart und kalt sind ihre Felder - Geschichte und Volkskunde in der Nordeifel, M 39,80
eutzer: Schröders Verdacht - Ein Thriller zwischen Rheinland und Sizilien, M 18,50
ppertz/Kell: Rur - Impressionen eines Wegbegleiters, DM 39,80

Schmitz: Damals in der Eifel - Wiederentdeckte Eifelfotos von Fredy Lange, DM 48,—

Otto/Ose: Musikwelt Eifel - 450 Jahre Musik- und Kulturgeschichte rund um die Eifel - Buch und CD, DM 38,50

Geschichtsverein „Prümer Land" e.V.: Die Explosionskatastrophe in Prüm am 15. Juli 1949 - Eine Dokumentation, DM 39,80

Güth/Paul/Schuh: Vom Feindflug nicht zurückgekehrt - Fliegerschicksale in Eifel, Rhein- und Moselland, DM 58,—

Hammes: Das Haus des Pfarrers in der Vulkaneifel - Der Blick hinter die Fassade füh uns auf eine unglaubliche Entdeckungsreise, DM 26,80

Bürger, Pitzen, Serve, Zäck: Die Hölle schien losgelassen zu sein - Aus der Katastrophengeschichte des Eifeler Raumes, DM 46,—

Lerho: Aachen in alten Zeiten - Personen, Orte, Gebäude & „Ammerölschere", DM 39,80

Schmitt: Gedankenverlorenes (Gedichtband), DM 14,70

Hansen/Lois: Grenzwelten - Kurzgeschichten der unheimlichen Art zwischen Trier ur dem Aachener Land, DM 32,80

Mann: Unser Aachen heute - Aachens Architektur im Stilwandel des 20. Jahrhunderts DM 29,80

Lange: Eifeler Küche - Mit Kindern kochen, backen und erzählen, DM 38,—

Lange: „Die Eifel hat ihresgleichen nicht ..." - Sammlung von historischen Texten und Bildern, DM 24,80

Weber: „Bliev noch jett hieh, Du kanns su schön vezelle" - Geschichte und Geschicht-chen aus der Eifel von anno dazumal, DM 26,80

van Londen: Liebe und andere Katastrophen - mit fotografischen Impressionen der Eifel, DM 24,80

Siemons: Casanova in Aachen - Im Weltbad der heißen Quellen machte der venezia-nische Abenteurer sein Meisterstück, DM 26,80

Schumacher: Glück gehabt zwischen Pyrenäen und Eismeer 1940-1946, DM 19,80

Pitzen: Von Wölfen und Hunden in der Eifel, DM 44,50

Mayer: Klöster, Stifte, Orden der Eifel - gestern und heute Band I, DM 48,—

Schlimpen: Flegeljahre in der Eifel - Kindheit und Jugend in einem Eifeldorf, DM 26,8

Maas: Maare der Vulkaneifel - Gemündener-, Weinfelder- und Schalkenmehrener Maar, DM 24,80

Lerho: Damals in Aachen, Burtscheid und Forst - Geschichte, Personen und Gebäud - Pikanntes und Prägnantes

Koenn: Von Abelong bos Zau dich Jong - Eifeler Wörter und Ausdrücke gesammelt und kurzweilig erklärt, DM 44,80

Thömmes: „Die Amis kommen!" - Die Eroberung der Eifel durch die Amerikaner 1944/1945, DM 58,—

Thömmes: „Die Amis kommen!" - Die Eroberung des Saar-Hunsrück-Raumes durch die Amerikaner 1944/1945, DM 58,—

Thömmes: Tod am Eifelhimmel - Der Luftkrieg über der Eifel 1939-1945, DM 54,—

Fagnoul: St. Vith in alten Zeiten - Geschichte, Personen und Gebäude - Pikanntes ur Prägnantes

---

Helios Verlags- und Buchvertriebsgesellschaft
Postfach 39 01 12, 52039 Aachen
Telefon: (02 41) 55 54 26 - Fax: (02 41) 55 84 93
eMail: Helios-Verlag@t-online.de